歴史文化ライブラリー
436

出雲国誕生

大橋泰夫

吉川弘文館

目　次

古代出雲国の成立――プロローグ

『出雲国風土記』の世界

古代出雲《いずも》国の様子は、天平五年（七三三）に政府に提出された地誌である、『出雲国風土記《ふどき》』（『風土記』とも略す）に記されている。『出雲国風土記』は出雲に限らず、古代の日本を研究する上で重要な史料の一つとなっている。古代の国郡制《こくぐんせい》に基づく地方行政システムの実態を究明する上で、考古学では国府《こくふ》や郡家《ぐうけ》（郡衙《ぐんが》ともいう）、官道などの研究が行われており、そのなかで『風土記』の記事は大きな役割を担ってきた。

出雲国の中心にあったのは国府であり、『風土記』に「国庁《こくちょう》」として記され、北側の十字街《じゅうじのちまた》付近には意宇《おう》郡家、黒田駅《くろだのうまや》、軍団が置かれていた。出雲国府は松江市大草町を中心にした意宇平野に位置し、六所神社《ろくしょじんじゃ》の境内地と重なって中心施設の国庁がみつかり、その後方に展開する実務的な官衙《かんが》（役所）施設とともに史跡公園となっている。付近には『風土記』に記された、山代郷正倉《やましろごうしょうそう》や新造院《しんぞういん》の四王寺《しわじ》跡、来美廃寺《くるみはいじ》も整備されており、古代出雲国における中心地の様子を学ぶことができる。

出雲国府を眺める上では、北側の茶臼山《ちゃうすやま》もよい。『風土記』に「神名樋野《かんなびぬ》」と記されている茶臼山は標高約一七〇《メートル》とそれほど高くなく、歩いて二〇分程度で登れる。意宇川が国庁南側で人工的に直角に曲げられている様子、意宇平野に残る十字街と山陰道である正《ま》西 道《にしのみち》を基準にして形成されたとみられる条里地割の一部をみることができ、かつて存在した出雲国府の様子などを思い描くことができる。『風土記』に記された、古代出雲の姿を彷彿とさせる景色が広がっている（図1）。

これまで意宇川が国府付近で直角に曲がる状況は、国府設置にともなう国家的な土木事業とも憶測されていたが、最近では古墳時代中期（五世紀代）にさかのぼる水田開発の灌《かん》漑《がい》に関わる可能性が指摘されている。古墳時代にさかのぼる豪族の居宅とみられる施設もみつかっており、国府が置かれた意宇の地の開発は思っていた以上に早いらしい。

図1　茶臼山からみた意宇平野（左手奥に出雲国府）

国府設置

意宇平野の歴史的な変遷を考える上では、もっとも大きな画期は国府設置であろう。政務と儀礼空間の国庁や実務的な官衙施設、国司館《こくしかん》の設置、直線的で大規模な正西道の建設とそれを基準とする条里施行など、それまでの出雲になかった都市的空間が形成された。出雲国府を中心にして、国内各地に郡家や駅家《うまや》などの官衙施設も設置・整備され、そうした施設を結ぶように出雲国内を網目のように道路網も設けられ律令制に基づく国郡制支配が進んだ。『風土記』から、天平五年（七三三）までに国府を中心とした官衙施設や国内の整備が行われたことがわかる。

出雲国府近くにある八雲《やくも》立つ風土記の丘展示学習館に展示された、意宇平野の模型（出雲国

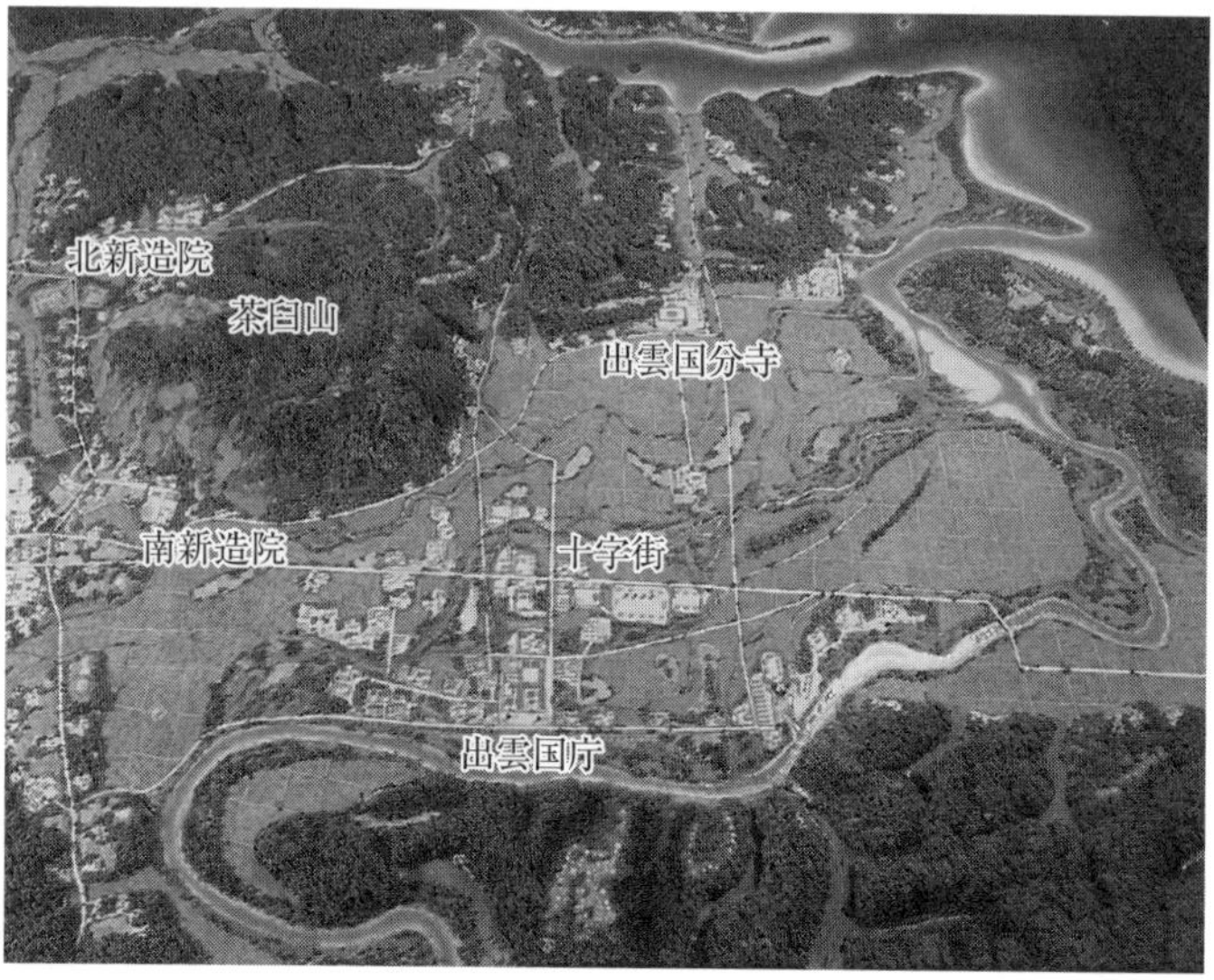

図２　意宇平野と出雲国府の復元模型（南から，八雲立つ風土記の丘展示学習館所蔵）

府模型とも表記する）には、国庁や郡家・駅家・寺院など大陸風の丹塗《にぬ》り白壁《しらかべ》造りの建物が建ち並ぶ様子が復元されている（図２）。古代において、国府は国家権力と地方の人々が接する場所でもあり、そこに展開した官衙や寺院は地域と深く関わるものであった。

　講義や市民向けの講演で出雲国府の話をする際には、まず『出雲国風土記』を読んで、この一〇〇〇分の一の出雲国府模型をみることを勧めている。その上で、現地に立って古代出雲国の中枢地域をイメージするように話すことにしている。出雲国府は『風土記』に記された十字街が細い道路として残り、周辺は水田となり官庁街であった面影はないが、茶臼山の南側に意宇川が流れ古代の様子を思い描くことができる。

古代出雲のことを考える上で、当時の都の様子をみておくことにする。

政治的景観の出現

日本における古代都市の淵源である中国において、都市の「都」の文字は人が集まるという意味であり、都市は土塀などで囲まれたなかに帝王、官僚、多数の人民が居住することを示し、政治都市、商業都市、軍事都市があった。中国においては、皇帝は都を造営して、その権威を内外に示すことが重んじられた。そのため歴代の皇帝は都を壮麗にし、平城京のモデルとなった唐の都・長安城は壮大な規模でつくられ、南北中軸の道路は実に一五〇《メートル》ほどの幅があった。

日本でも中国にならって、天皇の統治権が万代不易《ばんだいふえき》であることを示すために、藤原京に次いで平城京が造営された。こうした都城《とじょう》は、中心となる宮と、その外側の条坊《じょうぼう》街区からなり、全体が京となる。条坊は、縦横の道路でほぼ等間隔に区画された町割りとなり、都に住む役人たちに宅地を規格的に分け与えることができた。宮は天皇の住まいである内裏《だいり》、国家的な儀式や政務の場である大極殿《だいごくでん》・朝堂《ちょうどう》のほか、二官八省と総称される数多くの役所が置かれた。道路によって碁盤の目のように区割りされた京は、左右の京職《きようしき》をはじめとする役所や東西の市、貴族や一般の官人などの宅地として利用され、国家や有力者によって建立された寺院も置かれた。

日本で最初に成立した条坊制の都城は、藤原京（六九四～七一〇）であり、発掘調査によって造営の開始は天武朝（六七二～六八六）までさかのぼるとみられている。藤原京は、東西十坊、南北十条（ともに約五・三キロ＝一〇里）の正方形の京域の中央に、正方形の宮（約九二〇メートル）を配置したとする説が有力である。平城京になって宮がその北端中央に位置するようになり、長岡京（七八四～七九四）、平安京（七九四～）にその基本形態が引き継がれる。こうした都城が古代の都市であり、碁盤の目のような条坊のなかに、丹塗りされた瓦葺きの宮殿や寺院の堂塔が建ち並び威容を示していた。

日本の瓦葺き建物は六世紀末に飛鳥寺《あすかでら》で採用されたのが最初で、宮殿や官衙に採用されるのは寺院より遅れ、七世紀末頃の藤原宮からはじまる。それ以前では、斉明天皇が六五五年に小墾田宮《おはりだのみや》を瓦葺きにしようとしたが果たせなかったことが『日本書紀』に記されている。斉明天皇は、『日本書紀』によれば土木工事を興すことが好きな女帝として記載され、その一つが大陸風の瓦葺き宮殿を計画したことであったが、材木が腐って果たせなかったとある。この他に、都の飛鳥において「狂心《たぶれごころ》の渠《みぞ》」と呼ばれた運河や多武峰《とうのみね》に「両《ふた》槻宮《つきのみや》」とした「観」（たかどの）を建てるなど、次々に土木工事を行ったとされ、近年の発掘調査によって「狂心の渠」とみられる運河もみつかっている。

杵築大社と斉明天皇

この頃、出雲において『日本書紀』の斉明天皇五年（六五九）の記事に、出雲国造に命じて神殿を修したとあり、これは杵築大社《きづきのおおやしろ》（出雲大社）の神殿造営とみる意見が有力である。

斉明天皇が飛鳥の都造りのなかで果たされなかった、大陸風の瓦葺き宮殿建設は、次の藤原宮で実現される。瓦葺きの宮殿は、平城宮でも引き継がれ壮麗な大極殿として元日朝賀や天皇の即位式、蕃客《ばんかく》（外国の使節）の謁見などが行われた。

平城京になると、都を壮麗にするために邸宅を丹塗りの瓦葺き建物にするようにとの命令が出され、宮殿や寺院だけでなく貴族の邸宅も丹塗りの瓦葺き建物とし、外国の使者に対しても立派にみせることが命じられた。人民の統治を進める上で都を立派にすることが重要であるという考え方は、歴史書である『続日本紀』、神亀元年（七二四）十一月甲子条の太政官奏言《だじょうかんそうげん》にみえる。

太政官が次のように奏言した。大昔は人間が淳朴《じゅんぼく》で、冬は土中に居室をつくり、夏は樹上をすみかとしました。後の時代の聖人は、そのかわりに宮室をつくり、また都をこしらえて、帝王はそこを住居としました。万国の使者が参朝する所は壮麗でなければ、どうして帝王の徳を表すことができるでしょうか。今、平城宮に見られる板屋や草葺きの家は、大昔のなごりで、造るのに難しく、こわれ易くて、人民の財を無駄に費やすことになっています。そこで五位以上の官人や、庶民のなかで造営する力のある者には、瓦葺きの家を建てさせ、赤や白の色を塗らせるように、役人に命ぜられるよう要望します。

実際に、平城京内における貴族の邸宅の発掘調査で瓦が出土し、京内では建物を瓦葺きにしていた。こうした都城の宮殿や邸宅の構造には当時の政治や社会のありさまが反映されており、発掘調査でそれを解明することは律令国家の成立と展開の過程を跡づける上でも大きな意義をもつ。

地方支配の拠点

一方、地方支配の拠点として設けられた国府も都にならい、地域の人々に国家の権威を誇示する必要があった。国府は儀礼を行う国庁を中心に国司の居宅である国司館やさまざまな施設、寺院や神社、工房や市、津などがまとまった空間であり、『万葉集』に「遠《とお》の朝廷《みかど》」と詠まれた。近年の発掘調査によって、国府は平城京のように整然とした、碁盤の目のような町割りをした条坊制をとっていなかったという事実が明らかになっているが、各地の国府から出土する「京」と記された墨書土器《ぼくしょ》から、地方の人々にとって国府は村落とは異なる鄙《ひな》の都であったと思われる。地方支配の拠点として設けられた国府も都にならい、地域の人々に国家の権威を誇示する必要があったのだ。

出雲国の成立

『出雲国風土記』に示された出雲国の姿は、七世紀後半代に領域的な国が成立しそれにともない国司が派遣され、国府が成立したことを契機に官衙や官道が一体的に整備された状況を示している。国府の設置・整備は、天武朝から持統朝にかけて律令制の進展とともに整備が行われた藤原京と軌を一にしてのものであった。

出雲国のあり方が示すように、七世紀末頃に国府が独立した点については、国の骨格が形成され在地社会が大きく変容する契機となった点にその意義がある。この時期は古代国家にとって大きな画期であり、全国で国府成立を契機として国の形成が進んだ。こうした国府創設の実態が明らかにされているのが、出雲国府である。

地誌『出雲国風土記』

『出雲国風土記』についてみておく。現在の島根県東部にあった、古代出雲国について記した地誌である。『風土記』は、元明天皇によって奈良時代初めの和銅六年（七一三）に六〇余りの諸国に、国内の地名の由来や動植物などの特産物について調査を行い報告するように命じられ、国ごとにつくられた。それぞれの郡・郷の地名に好字《こうじ》をつけるとともに、各郡内の特産物や土地の肥沃状態、山川原野の地名の由来、古老が相伝している伝承などを報告せよというものであった。

出雲国では命令から二〇年後の天平五年（七三三）二月三十日に完成し、政府に提出されている。奈良時代の史料として『古事記』や『日本書紀』といった歴史書が知られているが、こうした史書は中央の政治的な内容が中心で、政治に関わることや都であった平城京の様子は記されているが、地方の記述は少ない。一方で、『風土記』は現地の役人がまとめたものであり、『古事記』や『日本書紀』と異なり地方の細かな様子を記している。そのため、わが国の古代の地方における行政や交通などを知る上で格好の史料となっている。しかし、全国から中央政府に提出された『風土記』のほとんどは失われており、まとまった形で今に伝わるのは『出雲国風土記』のほかでは、常陸《ひたち》国（現在の茨城県）・播磨《はりま》国（兵庫県南西部）・豊後《ぶんご》国（大分県中南部）・肥前《ひぜん》国（壱岐・対馬を除く長崎県）だけである。

そのなかで、ほぼ完全な形で伝わるのは、『出雲国風土記』だけとなっている。『出雲国風土記』には、先述のように、出雲国の地理的情報とともに各郡内の特産物や土地の肥沃状態、山川原野の地名の由来、古老が相伝している地名の由来などが記されている。古代出雲国の様子や出雲で暮らした人々の姿を知ることができる。加えて、『風土記』の冒頭にある国引き神話などは、古代の人々に伝承された神話を知る上でも貴重なものとなっている。

本来は、都から派遣された役人である国司が編纂の責任者となることが通例とみられるなかで、奥付によれば出雲国の場合は国司ではなく、出雲国造で意宇郡の郡司でもあった有力豪族の出雲臣広嶋《いずものおみひろしま》が編纂責任者となり、その下で秋鹿郡《あきか》（宍道湖《しんじこ》北側にあった郡）の神宅臣金太理《みやけのおみかなたり》が編纂の実務を担当した。国司ではなく、国造が編纂責任者であった点も『出雲国風土記』の特徴の一つである。

写本の『出雲国風土記』

現在に残る『出雲国風土記』は、奈良時代につくられた当時の現本ではなく、手書きで書き写された写本で一〇〇冊を超える。そのなかでももっとも古い写本とされるのが細川家本であり、慶長二年（一五九七）に戦国大名の細川幽斎《ゆうさい》が徳川家所蔵の写本を借りて写したもので、現在は熊本大学附属図書館の北岡文庫（永青文庫）に納められている。このほか、日御碕神社《ひのみさきじんじゃ》所蔵の寛永十一年（一六三四）の日御碕本や上賀茂神社に万葉緯本などが伝えられている。

本書で用いる『出雲国風土記』の現代語訳は、加藤義成『出雲国風土記参究』（一九五七年）を基にした、島根県古代文化センターから二〇一四年に刊行された『解説 出雲国風土記』を使っている。本書中で写本によって距離や方位などの里程に違いがある点については、適宜、どの写本によったかを示している。

『出雲国風土記』の難しさ

『風土記』は古代出雲の姿を知る上で有益であるが、その記事をそのまま使うことができるわけではない。今に残る『風土記』は書かれた当時のものがそのまま残っているわけではなく、もっとも古い写本も四〇〇年前ほどのものである。そのため、近世以来、文献史学者によって本来の記述を解明するための研究が続けられてきたが、写本間で記載内容が異なる場合、どちらの写本の記載が正しいのか、史料の検討から解決することが難しい場合も多い。また、欠落や明らかに誤字とみられる部分もある。

本書で扱う、大原《おおはら》郡家や出雲郡の新造院（寺院）についても、写本ごとに里程の違いがあり、その所在地の比定を行う上で研究者を困らせてきた。そのため、郡家や寺院の位置を特定する上では考古学や歴史地理学などの検討も必要となっている。古代出雲国の姿を明らかにする上では、『風土記』の記述をそのまま実態として理解することはできず、古代の官衙遺跡や寺院などの考古学的成果を踏まえた学際研究も必要となっている

『出雲国風土記』世界の解明へ

『出雲国風土記』に出雲国内の国府や郡家、寺院や社などの諸施設、各地の特産物や土地の肥沃状態、山川原野の地名の由来などが記されているために、容易に奈良時代の出雲国のありさまを知ることができると思われがちである。他の国々に比べれば、出雲国は『風土記』がほぼ完全な形で残されており、大変恵まれているのは確かだが、これからみていくように『風土記』に記された郡家や寺院一つをとっても、その所在地を特定することはそれほど簡単なことではない。『風土記』研究にあたっては、文献史学的な検討だけではなく、考古学や歴史地理学などとの学際研究によって行われているのが実情である。

本書では、こうした『出雲国風土記』の研究を踏まえて、これまでに明らかになった出雲国府を中心とする出雲国の姿について、みていくことにする。

姿を現した出雲国府

地方の古代都市

巻末記「国庁《こくちょう》・意宇郡家《おうぐうけ》の北の十字街《じゅうじのちまた》に至る。ここで別れて二つの道となる〈正西道《まにしのみち》と枉北道《きたにまがれるみち》である。〉」

掘り出された出雲国府

『出雲国風土記《いずものくにふどき》』には、伯耆国《ほうき》（鳥取県西部）との国境から西に進んできた正西道が、「国庁と意宇郡家の北側で、正西道（山陰道）と北に曲がれる道との十字街になっている」とある。他の国では奈良時代の国府《こくふ》に関わる史料がほとんどないなかで、国府が交通の要地に郡家とともにあることがわかる。

一方で、国府の諸施設について具体的な記載がないために、出雲国府の実像を知る上では考古学的な発掘調査が求められる。現在、長年にわたる発掘調査によって、出雲国府の姿は明らかにされつつある。まず、国府がどのような施設や組織だったかを確認しておくことにする。

国府は地方支配の拠点として、儀礼を行う国庁を中心に国司の居宅である国司館《こくしかん》やさまざまな施設が設けられ、周辺には寺院や神社、工房や市、津などが置かれた。大陸風の丹《に》塗《ぬ》り白壁《しらかべ》造りの建物が建ち並び、それまでの古墳時代から続く景観とは大きく異なる、地方における古代都市であった。

国府の中心は国庁であり、周囲に文書行政を行う実務施設（曹司《ぞうし》）や国司館が置かれた。厨《くりや》という給食センターでは、役人などに対して食事を用意した。付近には、国分寺・国分尼寺のような国立の官寺や有力豪族による氏寺も建てられた。神社もあり、平安時代後期以降、総社も置かれた。

出雲国府にも国分寺・尼寺や総社が置かれ、国府は国の役所だが、周辺には寺もあれば神社もあるというようにいろいろな施設の集合体となっていた。国府の近くには郡家も置かれることが多く、『風土記』の記載から国庁の北側の十字街付近に意宇郡家が置かれ、さらに黒田駅《くろだのうまや》に加えて軍団もあったことが知られている。

図3　出雲国庁と官衙施設群復元模型（八雲立つ風土記の丘展示学習館所蔵）

政務・儀礼空間としての国庁

国府は地方支配を行う上で、都と同じく立派でなくてはならないという面をもっていた。そのため、国府の中心施設であり、政務・儀礼の場でもある国庁も、都の大《だい》極殿《ごくでん》と同じように、丹塗りの瓦葺き建物として威容を示していた（図3）。

都としてはじめて本格的な条坊《じょうぼう》をもった都城《とじょう》である、藤原京で大宝元年（七〇一）正月に行われた元日朝賀の様子をみておく。日本最初の本格的な法典「大宝律令」が完成した年である。文武天皇が大極殿に出御し、大臣《おおおみ》や百官《ひゃっかん》からの祝賀のあいさつを受けた。その正門に烏形《うぎょう》、左に日像《にちぞう》・青竜《せいりゅう》・朱雀《すざく》、右には月像《がつぞう》・玄武《げんぶ》・白虎《びゃっこ》を描いた七本の幡が立てられ、そのなかで外国（新羅）からの外交使節も参列していた。こうした立派な瓦葺きの大極殿の前で行われた様子を讃えて、「文物の儀、ここに備われり」としている。国家の制度がはじめて備わり、丹塗りされた大陸風の舞台装置である大極殿はその威容を誇った。藤原京から遷都した、平城宮の大極殿の前庭からは、元日朝賀などの儀式で幡を立てられた宝幢《ほうどう》遺構の柱穴がみつかっている。

国府の中心施設の国庁は、都の大極殿・朝堂院《ちょうどういん》をモデルにした政務と儀礼の場であった。都城の宮殿と同じく、建物は南向きで左右対称となり、正殿・脇殿・前殿などをコの字型に配置し広い庭があり、塀で囲まれていた。規模は一辺七〇から一〇〇㍍《メートル》が一般的であり、出雲国庁もこの程度の広さがあり、正殿前が儀礼空間となっていた。

元日朝賀

国庁で行われた重要な儀式は、年の初めの元日朝賀の儀式である。都の平城宮で、元日に天皇が大極殿で群臣の年頭の拝賀を受ける儀式にならって地方の諸国でも行われた。

儀礼などの規定である「儀制令」元日国司条によれば、まず国司の長官が部下の国司たちや地方豪族の郡司たちを率いて、正殿に向かって拝礼する。これは服属した地方豪族たちが、国家・天皇に対して頭を下げて服従する意味がある。その後、長官に部下や郡司たちから頭を下げ拝礼され、そのあと参列者全員で宴会を行う。この儀式によって、参列者に天皇の威信・権威を実感させ、天皇への服属を確認させた。

元日朝賀の様子は、大伴家持《おおとものやかもち》が赴任した因幡《いなば》国で詠んだ『万葉集』に載る歌から知ることができる。大伴家持は『万葉集』の編纂者であり、天平宝字二年（七五八）六月に因幡国の長官に任ぜられ、翌年の正月元旦に国庁に郡臣を集めて、元日朝賀の儀式を行い、配下の国司・郡司との新年の宴席で、次のような歌を詠んでいる。

三年春正月一日に、因幡庁にして宴を国郡の司等に賜う宴の歌一首

新しき　年の始めの　初春の　今日降る雪の　いやしけ吉事

この歌には「新しい年のはじめにあたって、雪が降り続いているように、今年ももっともっと良い年でありますように」という意味が込められていた。

因幡国府（鳥取市国府町）は古代の法美《ほうみ》郡にあり、ここからは廂《ひさし》をもつ格式が高い掘立柱建物がみつかり、瓦や木簡、墨書《ぼくしょ》土器「厨」、高級食器の緑釉《りょくゆう》陶器、硯《すずり》、役人が腰につけたベルトの飾りである石帯《せきたい》（巡方《じゅんぽう》・丸鞆《まるとも》）などが出土している。木簡の一つには、仁和二年（八八六）の年号が記載された題籤《だいせん》があり、これは役所で使われた文書の巻物の軸

である。こうした建物や出土遺物から、平安時代の国府施設と考えられている。東側の大《おお》権寺《ごんじ》地区からは池をともなう邸宅（国司館）とみられる施設もみつかっている。これらの建物が、家持が歌を詠んだ国庁とみることは難しいが、この近くで上記の元日朝賀の儀式や宴が白い雪が降り続くなかで繰り広げられていた。今は近くに因幡万葉歴史館が建ち、そこで家持が赴任していた因幡国府の様子をわかりやすく紹介している。

国庁で行われた元日朝賀の儀式は、天皇を頂点とした律令国家の支配構造を背景に、天皇に替わってクニを治める国司と郡司が上下関係を確認するものとして位置づけられていた。その後に行われた宴は、共食を通じて国司と在地の有力者である郡司たちが官人意識を共有する場となり、円滑な地方支配の重要な役割をもっていた。

政務の場

国庁のもっとも重要な機能は、元日朝賀の儀式をはじめとする儀礼の場であったが、日常的には文書行政を行っていた政務の場としても機能していた。それを示すのが、各地の国庁から出土する硯や木簡であり、出雲国府でも国庁や国司館付近から出土している。各地の発掘調査の成果をみると、下野国府では国庁付近から硯がまとまって出土していることに加えて、国庁の西外側でみつかった土坑から多数の木簡片が出土し、国庁建物で文書作成を含む政務が執行されていたと考えられている。多賀《たが》城《じょう》（陸奥《むつ》国府）や筑後《ちくご》国府の国庁などでも、硯がまとまって出土している。

ただし、国庁を構成する正殿・脇殿・前殿・後殿などにおいて、どの建物で文書作成などを行っていたかまで特定することは難しい。硯は破片となって出土する場合が多く、使われていた建物まで特定できることはできないが、脇殿を中心に文書作成などが行われたとみられている。国庁では、長大な脇殿が正殿の前に二棟が左右にコの字形に配置されることが一般的で、部屋が壁によって間仕切りされていることがあり、こうした建物構造をもつ脇殿は政務の場としての機能も果たしていた。

また、国庁とは別に、曹司という文書・帳簿作成、租税の徴収・管理・貢進、国衙《こくが》の運営・維持に関する諸物資・経費の調達やその出納事務などの行政実務を行っていた施設も設けられていた。下野国府でも国庁から南に延びていく幅九《メートル》ほどの朱雀道両側に曹司とみられる施設がみつかっている。出雲国庁でも北側にあたる宮《みや》の後《うしろ》地区で木簡が出土し、ここで行政実務が行われていた。このように、国庁と曹司において文書作成をともなう行政実務が行われていたが、その業務の違いについてはよくわかっていない。

国庁では、正月に国内のすべての僧を国庁に集め、吉祥《きちじょう》悔過《けか》の法会も催され、国家の除災招福や国家鎮護を祈願する場としても機能した。このほか、裁判・刑罰執行（笞《むち》打ち）の場ともなっていた。そのために、国庁周辺では仏教に関わる鉄鉢形土器《てっぱつがた》などが出土することが珍しくなく、出雲国府でも出土している。国内の安定強化のために仏教が重視されていたのである。

出雲国府の創設

出雲国府の創設は、考古学的な発掘調査の成果によれば七世紀後半にさかのぼり、役所に特有な大型の掘立柱建物がみつかっている。初期の建物は出雲国府でなく意宇郡家（七世紀代は評家）とみる意見もあるが、筆者は出雲国府そのものの施設とみている。

出雲国府Ⅰ期は、藤原京期（六九四〜七〇一）頃か、それより少しさかのぼり、飛鳥《あすか》に都が置かれた頃にあたる。そのため、奈良時代以降の建物が真北を向いているのに対して、地形に沿ってやや斜めを向いているという特徴がある。こうした地形や道路などに沿った斜め方位の建物は、七世紀後半に建設された地方の役所ではよくみられる。Ⅰ期の建物は六所脇《ろくしょわき》地区で確認され、建物の向きがやや振れた二棟の建物（SB18・19）が東西に並んでみつかっており、建て替えがなく短期的だった。建物配置は明確ではないが、初期の国府の中心的な建物だったとみられる。この時期の建物は六所神社近くでみつかっているだけであり、官衙としての機能はそれほど整っていなかったようである。

出雲国府はⅡ期になると、建物がきちんと東西南北（正方位《せいほうい》という）を向いて建てられ、国庁の正殿とみられる四面に廂をつけた格式が高い掘立柱建物（SB20）もみつかっている。この時期は、国庁北側の実務的な施設である宮の後地区から七〇一年以前を示す、「大原評」と記された木簡が出土しており、大宝令前の評段階にさかのぼる。国庁北側は実務施設（曹司）として建物が溝や塀で囲われて計画的に配置され、周辺には国司館や工房などの施設なども確認されており、官衙としての機能が拡充していった様子がうかがえる。

出雲国府の創設時期と重なるのは、天武・持統朝の飛鳥浄御原宮《きよみはら》から藤原京にかけての時期である。飛鳥の都は、低い山々にかこまれた間を飛鳥川が流れる地域に、五九二年に推古天皇が豊浦宮《とゆら》をおいたことにはじまり、藤原京への遷都（六九四年）までの約一〇〇年間にわたって宮殿が営まれた。その飛鳥宮跡は、ほぼ同じ位置に三時期の宮殿遺構が重複し、Ⅰ期・Ⅱ期・Ⅲ期となっている。Ⅰ期が舒明天皇の飛鳥岡本宮（六三〇〜）、Ⅱ期が皇極天皇の飛鳥板蓋宮《いたぶき》（六四三〜）、Ⅲ期が斉明・天智の後飛鳥岡本宮（六五六〜）、天武・持統の飛鳥浄御原宮（六七二〜六九四）とされている。

その後、七一〇年の藤原京から遷都された平城京の建設にあたっては、唐の長安城をモデルにし、宮に向かう朱雀大路も幅七五㍍と大規模となり、そこに国家の威信が示されていた。一方で、飛鳥宮の場合、狭隘な盆地のなかに宮殿が営まれたために、平城京のように国家の威信を、南側からの朱雀大路によって示すことはできなかった。

選地　出雲国府は、北に茶臼山《ちゃうすやま》、南側を意宇川が流れる意宇平野のもっとも南寄りに設けられていた。どうして出雲国府は北よりではなく、南よりに選地されたのか。

国庁のすぐ前を意宇川が流れており、本来の自然流路は国庁北方にあったものを国庁南側に変更したものである。意宇川の流路が国府の諸施設を避けるように直角に曲げられたのは、国家権力によるもので国府創設以降かと憶測していたが、最近になって、この流路変更は律令期ではなく平野の灌漑《かんがい》工事にともない古墳時代中期後半にさかのぼるとみる意見が有力となっている。いずれにしても、出雲国府が営まれた奈良・平安時代において、意宇川は国庁南側を東西に流れていたのである。

平城京（七一〇～七八四）は奈良盆地のなかでもっとも北側の高い位置を占め、京城の基本形が東西八坊（約四・三キロ＝八里）、南北九条（約四・八キロ＝九里）の長方形で、中心の宮はその北端中央に位置する。宮が京の北に置かれる理由は、古代中国において万物の根源を意味する太極が北極を意味し、その太極を地上に現出させた大極殿のある宮城を都城の北辺中央に設けたためである。日本においても天皇の宮殿は都城の北側に設けられ、天子は南面して大極殿をはじめとする殿舎は南を向いて造営された。そのため、天皇のすまいの内裏《だいり》や、元日朝賀の儀式をはじめとする儀礼の中心施設である、大極殿・朝堂院が北に置かれることは必然であった。

地方の国庁も、こうした南面を基本とする舞台装置である大極殿・朝堂院にならってつくられているが、出雲国庁は意宇平野の南端に置かれ、その前面に意宇川が流れるという立地をとったのはなぜであろうか。歴史地理学者の木下良は、出雲国府のように国庁が都城の宮城とちがって必ずしも北辺に置かれない理由について、国府においては駅路が基準となって支路が設けられ、交通の要地として駅家が置かれて十字街となり、都市計画上において支路の派生方向とは逆の位置に国庁を置くこともあるためと考えた。交通の面からみると、国庁が国府のなかでも南方に置かれることも問題ないとのことである。

一方、同じ山陰道に属した伯耆国では、丘陵上に奈良時代になって国庁が設けられ、その前面の山陰道からの南大路が想定されている。各地の国府をみていくと、平城京の朱雀路のように南側から国庁に向かう例が多く、北側に駅路があり、そこから南に迂回して国庁に達するようなあり方は少ない。

北側から国庁に向かう例としては、讃岐《さぬき》国府が同じようなあり方をしている。北西に古代山城の城山があり、その南側の三方を丘陵に囲まれた、綾川《あやがわ》沿いの沖積低地にある。南海道は、国府域の北側もしくは南側の綾川南岸に想定されている。菅原道真《すがわらのみちざね》が国守として派遣され、漢詩を数多く残し、国府の様子を知ることができる。木下良は、讃岐国府においても南海道は出雲国府と同じく国府域の北側を東西に走り、国府津《こうづ》や松山館が推定される綾川河口部に向かう道路との十字街が、国庁北側にあったとみている。南海道から国庁に向かうには、出雲国府と同じく南に迂回することになる。その一方、綾川の南側に南海道を推定する意見もある。この場合であっても、国庁などの諸施設は綾川がすぐ南側に迫っており、その氾濫原に南海道からまっすぐ朱雀路を設けて南からの長い進入路は設けることは難しいようにも思えるが、古代の環境が現在と同じかどうかよくわからない。どちらが駅路かは別にして、国府域の北側を走る道路も、対岸の綾川南岸を東西に通るルートもあったように思える。

讃岐国府と綾川

現在、讃岐国府の発掘調査は香川県教育委員会を中心にすすめられ、開法寺《かいほうじ》跡の東側において塀に区画されて大型建物が展開することが明らかになりつつあり、綾川に面して国庁や国司館などの官衙施設があった可能性が高まっている。出雲国府を流れる意宇川と同じく、讃岐国府でも南側を流れる綾川は曲がっており、綾川がいつの時点で今の流路になったかはよくわかっていないが、国府設置に際して府域の南限と東限を廻るように、流路を規制したとも推定されている。今後の調査を注視したい。

出雲国府と神名樋野

意宇郡条「神名樋野《かんなびぬ》。郡家の西北三里一百二十九歩（一・八キロ）の所にある。高さ八十丈（二三七・六メートル）、周り六里三十二歩（三・三キロ）ある（東に松がある。三方にはいずれも茅《かや》がある。）」

出雲国府は意宇平野の南寄りに位置し、総社の六所神社を含む一帯である。平野の三方は丘陵で囲まれており、北には『出雲国風土記』に神名樋野と記された茶臼山がある（図4）。その丘陵裾に出雲国分寺、尼寺や新造院《しんぞういん》（寺院）が建立され、古墳時代には出雲最大の前方後方墳である山代二子塚《やましろふたごづか》古墳をはじめとする数多くの古墳がつくられた、古代出雲の中枢地域となっている。

出雲国府では、前述したように南側には大規模な朱雀路を設けられない場所に国庁を設けている。意宇平野で広い微高地がとれる場所は南側の意宇川沿いで、今も大草《おおくさ》の集落となっている。国庁の立地は地形に左右された結果とみておくのがよいのかもしれない。出雲国府では、平城京にみられる朱雀大路のような道路を設けて、大極殿が南面して国家の

図4　出雲国府からみた茶臼山（南東から）

威信を示すことを意識したような設計の思想がはっきりみえないのが特徴となっている。出雲国庁の現地に立って、すぐ南側の意宇川を眺めていただきたい。

出雲国府の現在

各地の国府跡を訪ねた方は気づくと思うが、今もその土地の中心地となって市街化が進んでいる場合と中心地でなくなっている国府の二通りがある。平成二十五年度から北陸でそれぞれの国府があった市が共同で、「こしの国府サミット」という町おこしのイベントを隔年開催している。最初の年は越前市で行われた。ここは越前国府が置かれた地であり、平安時代に紫式部が、父である藤原為時《ためとき》が国守に任じられたために同行して暮らした。講演を依頼され、事前に越前市の武生《たけふ》駅近くにあったとされる越前国府の状況を知ろうと思い現地を訪ねたが、都市化が進んでおり古代の越前国府をイメージすることは難しかった。越前国府の場合、中世以降も府中となり近世には府中城が築かれ、現代にいたるまで中心地の一つとして市街化がすすんでいるためである。

出雲国府は、『風土記』に記された神名樋野（茶臼山）が横たわり、意宇平野には十字街が細い道路の交差点として残る。周辺は水田となり官庁街であった面影はないが、古代における周辺の景色をイメージすることはできる。

二つの国庁碑

『風土記』に「至国庁・意宇郡家」と記載された出雲国府は、その所在が不明となっていた。近世以降に『風土記』の内容が検討されるなかで、出雲国府の位置も松江市東出雲町や大草付近にあると推定されるようになったが、その所在地は発掘調査によって大草町の六所神社付近で確定するまで、この大草町とみるほかに松江市東出雲町（夫敷説）や松江市竹矢町（三軒家説）とする説などがあった（図5）。

古くは松江藩士であった岸崎時照《きしざきときてる》が天和三年（一六八三）の『出雲風土記抄』で、国庁は東出雲町出雲村（郷）とした。この東出雲町説が受け継がれ、野津左馬之助は大正十五

図５　出雲国庁所在地の諸説

年（一九二六）の『島根県史』のなかで、出雲郷にある字「夫敷《ふしき》」を「府敷」と理解し、上夫敷を出雲国府、下夫敷を意宇郡家と考えた。

一方で、地名を基にした東出雲町の夫敷説に対して、『風土記』の再検討によって朝山皓《あさやまあきら》が昭和二十八年（一九五三）に、「出雲風土記に於ける地理上の諸問題」という論文で大草町西端説、次いで出雲国分寺の発掘調査にあたった石田茂作《いしだもさく》が竹矢町三軒家説を発表した。石田は出雲国分寺の南門からまっすぐ南に延びる天平古道の延長にあたる、三軒家付近の字名が「丁ヶ坪」であることから「丁」を国庁の「庁」と解釈した。昭和三十七年には郷土史家の恩田清が『元禄四年意宇郡大草村御検地帳』（一六九一年）に「こくてふ」（こくちょう）の字名を発見し、それが六所神社付近の一画を指すところから、この付近が国庁跡として有力視されるようになっていく。

こうしたなかで、昭和四十三年から松江市教育委員会が調査主体となって三年間にわたって、大草町で発掘調査が行われ、役所風の建物跡や遺物が出土し六所神社付近が出雲国庁であることが確定することになる。

現在、史跡公園となっている出雲国庁にあたる、出雲国の総社である六所神社境内の一角に国庁発見の契機となった地名「こくてう」を示す石碑が建てられている。実は、これとは別に国道九号線沿いの松江市東出雲町夫敷にも出雲国庁跡の碑がある。すでに紹介したように、昭和三年当時、地名の「夫敷」を根拠として出雲国庁の有力候補地であったために建てられたのである。

松江市東出雲町夫敷にある出雲国庁跡の碑を訪ねる人は少ないが、二つの碑をみて出雲国庁が発見されるまでの先人の研究を考えていただきたい。

国府像の見直し

ここでは、出雲国府の実像をみていくことにする。出雲国府を含めて、これまで国府の形状は平城京などの都城の縮小版であり、道路によって区画された条坊制をとり、街路が一町単位の碁盤目状に施工された地方都市と考えられてきた。こうした都城ミニチュア説を前提として、国府方八町説が通説化し、各国の国府が復元されてきた。

今も、各地の国府研究に大きな影響を与えている学説であり、各地で発掘調査によって検証が進められている。そのなかで、周防《すおう》国府の復元研究は先駆的なものであった。

周防国府

三坂圭治《みさかけいじ》は、昭和八年（一九三三）に刊行された『周防国府の研究』において、古文書・地名、遺存地割によって防府市の国衙地区に八町（八七〇メートル）四方の国府域と、その中央に二町（二一八メートル）四方の国衙域を推定し、古代の国府の姿を示した。平城京や平安京と同じように、条坊制に似た区画として一町間隔の区割りを推定した。こうした周防国府の復元が長い間、国府の典型とみられ、各地の国府においても周防国府と同じように方形の国府域として、一町単位の方格地割りである条里地割や地名に基づく復元研究が行われていく。

こうして国府は都城と似て、一町単位（一〇九メートル）ごとの碁盤目状に配した街路をもつ、八町前後の方形を呈していたということが通説となっていく。周防国府の復元案が出された当時、国府研究は地名や条里地割、地形を手がかりとした歴史地理学的研究によっていた。

その後、国府が都城と似ている形というミニチュア都城説は、各地の国府の発掘調査がすすむなかで疑問がだされることになる。周防国府においても発掘調査によって、古代にさかのぼる方八町の国府域を限るとされた土手が中世末期の天井川《てんじようがわ》の堆積によってできたものであり、一町ごとに街路によって区画された地割になっていないことも判明している。実際には、古代に八町という国府の概念に相当する構築物はなく、さらに一町ごとの方格地割も存在しなかったことが明らかとなり、八町域外の東および北東側にも国府関連の遺構群が広がっていることがわかってきた。周防国府においても、かつて推定されたような、方形の国府域ではなく、政庁を中心として、その周囲に曹司をはじめとした施設が点在するような姿が復元されつつある。

下野国府の姿

筆者がはじめて国府の調査に関わったのは、下野《しもつけ》国府で昭和五十七年から五十八年にかけてであった。当時、すでに国庁がみつかっており、続いて国府域の範囲や構造を明らかにするための調査を行っていた。

下野国府も周防国府にならって歴史地理学的研究によって、国府域が方格地割をもち方八町になっていたとする説も提案されていた。発掘調査によって、平城京のように国庁からまっすぐ南大路が延び、おおよそ国庁を中心にして一町単位で溝や道路がみつかったが、平城京のように碁盤の目状にはなっていなかった。水田地帯と化した関東平野の一画に、国府に関わる関連施設が一キロ以上の広範囲に展開していたが、方形に画するような外郭施設は認められず、その範囲についても明確にできなかった。やはり、下野国府全域に平城京のような全面的な条坊制的な方格地割による街区の施工や方何町という明確な国府域は存在しなかった。現在は、国衙機構の充実に対応して、国庁と南大路を中心に諸施設が付加・整備されていったと考えられている。

出雲国府の景観

出雲国府も八雲《やくも》立つ風土記の丘展示学習館の模型に復元されているように、平城京のような条坊制をとったものではなく、意宇平野のなかに国庁を中心にして、正西道と枉北道の十字街付近が官庁街となっていたことが推定されている。

こうした復元が行われる前まで、出雲国府も歴史地理学的研究によって、かつての周防国府や下野国府と同じように条里地割や地形などから都城と似た形状をした、方形もしくは長方形の国府域が推定されており、条里地割に乗る方八町の正方形または南北六町・東西十一町の長方形とする国府域案などが示されていた。

諸国の国府は、都城のような独自の領域をもつ特別な行政単位としては位置づけられていない。各国府の発掘調査では周防国府跡を含めて、方八町国府域や一町単位の条坊制的方格地割を備えている例は知られておらず、旧来の国府像は疑問視されている。

下野国府では国庁前面から九㍍幅の南北道が延び、伊勢国府や多賀城前面では街路をともなう方格地割の存在も確認されている。発掘調査によって、国府は国庁を中心にした主要街路を基準として国司館や曹司が配置されているという、周辺地域とは異なる景観を呈していたことが明らかになりつつある。また、下総《しもうさ》国府や備後《びんご》国府などから「右京」・「京」の墨書土器が出土し、国府は京に対応するような空間として意識されていたらしい。

ただし、計画的な地割が認められる下野国府の場合でも、国府全域に均等地割が施されていたわけではなく、地割方式も京とは異なる。多賀城前面に広がる方格地割も八世紀後半以降に徐々に整えられていたのである。国府における方格地割は国府造営当初から一貫した計画によって施工されたものではなく、後の国衙機構の充実に対応して、国府域が拡大し道路や溝による区画が付加・整備されるという過程をたどったと推定されている。国府域の境界は明確なものではなかった。

出雲国府の模型では、史跡出雲国府跡の六所脇地区でみつかった格式が高い建物を国庁の正殿とし、国庁周辺の建物軸線は山陰道とそれに規制される条里地割と異なり真南を向いてつくられている。意宇平野を東西に走る正西道（山陰道）と国庁の北側で隠岐道《おきのみち》との十字街付近に、国府とその関連施設である意宇郡家、黒田駅家、軍団などを配置している。『出雲国風土記』の記載を参考に、発掘調査の成果も加えて復元されている。基本的には、明確な国府域を示すような道路や塀などはなく、国庁と役所施設が分散的に配置されている様子をうかがうことができる。こうした姿が地方における国府の実態であった。

出雲国府の主要な施設も、国内行政の中枢施設である国庁、行政実務を分掌する曹司、国司が宿泊する国司館、傜丁《ようてい》らの居所、民家などから構成されていた。諸国の多くでみられるように、国分寺も設置されていた。

国府の復元模型

国府は交通の要所に置かれ、近辺には国分寺と国分尼寺のほか郡家や駅家、軍団を配置することも一般的だった。国府は国内の政治や経済、文化、交通の中心として、政治的地方都市の様相を呈していた。

地方の都市である国府の姿について、はじめて模型によって立体的に復元されたのが出雲国府であった。『出雲国風土記』に国府や周辺の自然環境の様子までが記載されていることを参考にして、発掘調査の成果があってなされたものである。

図6　武蔵国府の復元模型（南から，府中市郷土の森博物館所蔵）

最近、武蔵《むさし》国府（東京都府中市）についても府中市郷土の森博物館で復元模型がつくられた（図6）。武蔵国は出雲国と異なり、『風土記』は残されておらず具体的な姿を知る史料は少ない。その一方で、昭和五十年以来、広大な遺跡を対象に行われた、一七〇〇ヵ所を超える発掘調査によって得られた情報と出土した遺物は膨大な量に達しており、研究も進んでいる。そうした成果を基に、武蔵国府の復元が可能になったのである。

出雲国府と同じく、武蔵国府の模型にも大規模な道路が設けられ交通の要地となっているなかに、役所と寺院の瓦葺き建物が真南を向いて威容を示していた様子を知ることができる。現地では大国魂神社《おおくにたまじんじゃ》の脇に、国府の中枢建物が一部復元され、近くのふるさと府中歴史館でも武蔵国府跡やその関連遺跡の発掘調査の成果を紹介している。

ほかに国府の全体が復元できる国としては、讃岐国府が挙げられる。菅原道真が国守として赴任し、漢詩（菅家文草）を詠んだために国府とその周辺の具体的な様子がわかる。国府近くに開法寺、河内駅が置かれ国府外港や付近の松山館が知られ、阿野《あや》郡家や軍団もあったとみられる。開法寺の鐘の音、河内駅家に建つ楼閣の様子など興味深い。香川県と坂出市によって発掘調査が継続的に行われており、今後の研究成果が楽しみである。市民の関心も高く、将来的には立体的な復元模型なども考えてもらいたい国府の一つである。

国庁の建物をさぐる

国庁の特徴

『出雲国風土記』に記された国庁は、六所神社付近にあったことが明らかになり、各地の国府や国庁を検討する上で参考にされている。国庁でみつかった建物の特徴をみておくことにする。

出雲国府の模型は、発掘調査の成果を基に国庁を復元している。実際にみつかったのは正殿とみられる建物の一部であるために、隣国である伯耆国庁の建物配置を参考にして脇殿や楼閣などを加えたコの字形配置の国庁となっている。

出雲国庁は、都の藤原京や平城京の大極殿・朝堂院にならって建てられている（図7）。前述したように、南面に意宇川が迫り朱雀路を設けることができない点は平城京と大きく

図7　平城宮大極殿復元

異なるが、国府は地方支配を行う上で、政務・儀礼の場である国庁は都の大極殿・朝堂院と同じように、丹塗りの瓦葺き建物として威容を示していた。

正殿は瓦葺き

出雲国府から国分寺創建期（八世紀中頃）の瓦が一定量出土しており、この頃に瓦葺きとなっていた。国分寺創建前にさかのぼる八世紀前葉の瓦や鴟尾《しび》も出土しており、こうした古い瓦がどのような建物に葺かれたかが問題となっている。各地の国府では、まず中心施設である国庁が瓦葺き建物となり、その後、国司館や曹司の屋根にも瓦を葺くことが一般的である。出雲国府でも、先に国庁が瓦葺きとなっていたのであろう。国庁以外で瓦葺き建物が採用されているのは、国司館の建物であり、掘立柱建物から礎石建物に奈良時代の終わり頃に建て替わる。

出雲国府のことで気になっていた問題の一つは、出土する瓦であった。奈良時代の終わり頃（八世紀末頃）になって瓦葺き建物が採用されると考えられていた。全国的にみると、国府では国分寺創建前後（八世紀中頃）には国庁を中心にして瓦葺き建物が建てられるなかで、出雲国府では半世紀も遅れたと考えられていた。近隣の伯耆国府、美作《みまさか》国府でも国分寺創建期の瓦が出土し、その頃には瓦葺きとなるのに対して、出雲は大きく遅れるということになっていた。

都の宮殿にならって建設された国庁の正殿は、国家の威信を示すようにいち早く瓦葺きを採用し、礎石建物となるなかで、出雲国府だけが半世紀も遅れて瓦葺き建物になるのだろうかという疑問をもっていた。それまで出雲国府の瓦研究は、屋根の軒先を飾った軒丸瓦と軒平瓦が中心であり、出土しているものは奈良時代終わり頃の瓦ばかりであった。

そこで、本当に出雲国府が大陸風の瓦葺き建物になる時期が他の国よりも遅れているのかを確認するために、出雲国府の調査担当者であった島根県埋蔵文化財センターの間野大丞氏と瓦の分析を行った。方針としては、文様がある軒瓦だけを対象とするのではなく、もっとも数多く出土している平瓦と丸瓦を含めて、すべての瓦を分析することとにした。古代の役所や寺院から出土する瓦は、屋根の軒先を飾った軒瓦の出土点数は少ないのに対して、平瓦と丸瓦は屋根全面に葺かれるために大量に出土する。出雲国府の瓦を分析する前に、出雲国分寺から出土した瓦について検討を行い、平瓦と丸瓦について創建瓦と八世紀後半以降の補修瓦の違いを把握していたことが役に立つことになった。

平瓦と丸瓦をみていくと、それまでいわれていたように出雲国分寺の補修瓦と同じ特徴をもった瓦が数多く確認される一方で、これまではないとされてきた出雲国分寺創建期の平瓦・丸瓦が一定量、出土していたのである。間野氏がすべての破片を含めて数えた結果、出雲国府では国庁付近とその北方の国司館（大舎原《おおじゃら》地区）で出雲国分寺創建期からの瓦が出土していることが明らかになった。そのなかで、国分寺創建期の軒丸瓦もみつかった。

出雲国府は国分寺創建期（八世紀中頃）に、国庁と国司館が瓦葺きとなっていたのである。全国的にみれば、この頃、各地の国府では瓦葺き建物を採用するようになるので、出雲国府も同じ時期に都の宮殿のように瓦葺き建物となっていたとみることができるようになった。

加えて、国司館地区から出土した瓦の分析によって、屋根の景観も明らかになっている。

瓦葺き建物には、屋根全体に葺く総瓦葺きと大棟のみの甍棟《いらかむね》や熨斗棟《のしむね》という葺き方がある。国司館が、総瓦葺きであったことも研究成果の一つであった。

一方で、出雲国府から出土する瓦には、ほかではあまりみられない特徴がある。軒丸瓦と軒平瓦は屋根の軒先に交互に並べて飾るので、その数はほぼ同じであることが普通である。それに比べると、出雲国府から出土した両者の数は明らかに軒丸瓦の数に比べて、軒平瓦が圧倒的に少ないのである。出雲国府の官舎では、軒丸瓦と軒平瓦を交互にして軒先を飾ったのではなく、軒平瓦に代えて平瓦を軒先瓦として用いたと憶測している。立派にみせるように瓦葺きとするのなら、平瓦で代用するのでなく、軒平瓦も使ったらよいのにと思う。

このように、国司館の屋根には軒平瓦の代用として平瓦を軒先に飾っていたことが明らかになったが、もっとも格式が高い国庁の建物については、まだどの建物にどのように瓦を葺いたかはわかっていない。平成二十七年度から国庁の調査が再開されているので、その解明が待たれる。

鴟尾放光

出雲国府では国分寺創建頃に瓦葺き建物となっていたことを突き止めた。そのため、『出雲国風土記』が完成した天平五年（七三三）時点では、正殿をはじめとする殿舎は瓦葺き建物ではなく板葺きや檜皮葺《ひわだ》きと考えていた。

ところが、出雲国府出土の瓦を整理している間野氏からみてもらいたい瓦や鴟尾の破片があると連絡がきた。その時、鴟尾ときいて耳を疑った記憶がある。鴟尾は大棟の両端を飾った沓《くつ》形の飾りの一種であり、今も奈良の東大寺や唐招提寺などの金堂の屋根に載っているのでみたことがある読者も多いだろう。地方でも寺院からは稀に出土することはあり、出雲では山代郷北新造院（来美廃寺《くるみはいじ》）から出土している。しかし、これまでに鴟尾が地方の国府や郡家から出土したことはない。鴟尾は山陰地域において、八世紀前葉頃までにつくられなくなってしまうということも気になっていた。出雲国府の瓦はそれより新しい八世紀中頃と突きとめたばかりであったが、鴟尾が飾られた建物なら、当然、屋根には瓦を葺くはずだからである。そうなると国府の建物は国分寺創建よりずっと前に瓦葺きとなっていることになってしまう。本当に、鴟尾が出雲国府から出土しているのか、大きな問題になりそうだと思った。

実際にみると小さな破片であったが、鴟尾の一部であった。山陰各地の寺院から出土する鴟尾によく似ている。また、平瓦には国分寺創建前に製作された古いものもあった。出雲国府から出土する平瓦は出雲国分寺と同じく、一枚作りという技法でつくられた瓦ばかりと考えていたが、平瓦のなかに桶巻《おけまき》作りの平瓦もあった。平瓦の作り方は二種類あって、桶巻作りは円錐台形の桶に粘土板を巻きつけてつくった粘土円筒を四枚に割ってつくる方法に対して、一枚作りは凸型の台上に粘土板を置いて一枚ずつつくるという違いがあり、桶巻作りが古く一枚作りは新しい。一枚作りは平城京（七一〇年から）で開発された作り方で、出雲では平城京で一枚作りが開発されてまもなく、出雲臣弟山《いずものおみおとやま》が檀越《だんおつ》となった山代郷南新造院で七二〇年代頃に採用されており、出雲国分寺の平瓦もすべて一枚作りであった。

そのため、出雲国分寺よりも古い特徴をもった平瓦に加えて、鴟尾が国府から出土していることをどのように評価するのかという問題が生じた。出雲国府には、国分寺創建前の天平五年（七三三）時点では鴟尾を大棟に飾った瓦葺き建物が建っていたのである。

古い瓦や鴟尾を載せた建物は何だったのであろうか。寺か、官衙か。素直にみれば、古い瓦や鴟尾が出土しているのは国庁付近であるので、国庁の正殿などに鴟尾を飾った可能性がある。もう一つは、役所の建物ではなく、付近に瓦葺きの仏堂があって、それに葺かれた瓦とみることもできよう。ただし、『出雲国風土記』には、この付近に寺の記載はないので、現状では国庁の殿舎のなかに鴟尾を飾った瓦葺き建物があったとみている。

鴟尾は他の国府から出土していないが、出雲国庁では正殿などには載っていた可能性がある。鴟尾は陶器と同じく粘土を焼いてつくる焼き物だが、奈良時代以降になると、金属製に変わっていく。そのため、平城宮の大極殿からも発掘調査ではみつかっていないが、その格式から必ず載せられていたはずということで、平城京遷都一三〇〇年を記念して平成二十二年に復元された大極殿の屋根には金銅製の鴟尾が載る。

国分寺と国府

奈良時代、地方でもっとも立派な建物は国分寺の金堂と国庁の正殿であり、各地の博物館では国分寺の復元模型や復元図がよくつくられている。注目してみていただきたいのは、金堂に鴟尾を載せていたかどうかである。実際には、国分寺からも鴟尾が出土している例はないにもかかわらず、鴟尾を載せて復元している国分寺金堂の模型もある。平城京の東大寺が当時、格式がもっとも高い寺で、その大仏殿は巨大であった。今の大仏殿は江戸時代に再建されたものであるが、奈良時代にはさらに一回り大きかった。大仏殿も金色に輝く鴟尾が奈良時代から載せられていた。

各地の国分寺では鴟尾が出土していないが、鴟尾があったと復元する場合が少なくないのである。八雲立つ風土記の丘展示学習館の出雲国府模型をみてみよう。出雲国分寺が国

図８　下野国庁の復元模型（栃木県教育委員会提供）

府の北方に伽藍《がらん》を構えている。金堂・講堂などの主要堂宇《どうう》が発掘調査されているが、鴟尾は出土していない。模型で国分寺金堂の屋根をみると、鴟尾は載っていない。一方で、模型製作以前に作成された同館の展示図録には、出雲国分寺金堂の屋根には沓形の鴟尾が描かれている。今も同館の展示パネルになっているので、模型との違いを比較できる。筆者は、国分寺創建前に建立されている、近くの山代郷北新造院の金堂に鴟尾が載せられている点から、出雲国分寺の金堂に金属製の鴟尾が載っていてもいいように思うが、実際のところははっきりしない。

出雲国分寺の金堂一つをとっても鴟尾が載っていたかどうかを知ることは難しいのである。他国の国分寺も同様である。筆者もかつて調査に関わった下野国分寺（栃木県下野市）について、調査担当者と、金堂から鴟尾は出土していないが、金属製の鴟尾が載っていたかどうか議論したことがある。下野国分寺の場合、鬼瓦に加えて、屋根の隅木《すみぎ》が雨にあたらないようにする隅木蓋瓦という道具瓦も出土しているので、鴟尾が載っていてもいいのかなと思う。そうした場合、同じような瓦を屋根に葺いていた、下野国庁の殿舎が問題となる。発掘調査では鴟尾は出ていないが、平城京の大極殿と同様、金属製の鴟尾が載っていた可能性もあるが、復元していいのかどうかは難しい。しもつけ風土記の丘資料館（栃木県下野市）で作成した、下野国庁の復元模型には鴟尾は載っていない（図8）。

出雲郡家と鴟尾

さて、出雲国府では鴟尾や古い瓦が出土していることが明らかになったが、実は、出雲国内では出雲郡家と関わる出雲市小野《おの》遺跡からも鴟尾と瓦が出土している。小野遺跡は、瓦が出土するので仏堂という意見が有力視されており、筆者も深く検討せずに寺でいいのかなと思っていたが、出雲国府から同じように瓦とともに鴟尾の出土が知られたことから検討したことがある。

詳しくは郡家のところで紹介するが、小野遺跡は寺院ではなく、出雲郡家の可能性が高いことがわかっている。郡家の建物にも鴟尾を用いていた可能性が高い。出雲国では、国府だけでなく出雲郡家においても八世紀前葉に瓦葺き建物が採用され、その屋根の両端に鴟尾を載せていたとみている。瓦や鴟尾が出土するからといって寺院とは限らず、国府や郡家の可能性もある。

国家の威信

国によっては、国分寺金堂や国庁の正殿には金属製の鴟尾を載せていた場合もあったと憶測している。平城京では大極殿とその東方の東大寺大仏殿が国家の威信を示すように、金色に光り輝く鴟尾を飾っていた。出雲国府から一片だが、鴟尾が出土している。出雲国庁の殿舎（正殿か）は瓦葺きで大棟に鴟尾を載せ、国家の威信を示していたのであろう。

全国の国府跡調査のなかで鴟尾が出土したのは出雲国府がはじめてで国庁が都の宮殿を模して建てられたことを示している。当時の人々にとっては鴟尾を飾った丹塗りの建物は律令制国家を象徴するものとして目に映ったと思われる。柱を丹塗りした瓦葺きの国府や郡家建物は、新たな律令国家の象徴としての舞台装置としての役割を果たしていた。やはり、出雲国庁の正殿や国分寺金堂の屋根には鴟尾が飾られていたと考えたい。毎年、秋に奈良の風物詩となっている正倉院展に行き、平城宮跡の大極殿や東大寺大仏殿の鴟尾をみるたびに、出雲国庁も同じように鴟尾を飾って威容を示していたのだろうかと思いをめぐらす。

出雲国府と郡家の荘厳化

出雲国府では、平城宮の宮殿のように瓦葺き建物となっていた。古代において国府や郡家という役所の建物について、柱を丹塗りし、屋根を瓦葺きとすることは都の荘厳化と連動し、律令国家の威信を示し地方支配を支えるために必要なことであった。出雲国府や郡家においても瓦が出土し、地方支配を行う上で舞台装置として機能していたことをみていくことにする。

古代における瓦葺き建物は律令支配の道具の一つとして考える必要があり、古代の地方官衙の建物でも火災の備えとするだけでなく、都にならって律令国家の威信を示すために柱を丹塗りした瓦葺きの礎石建物が造営された。

日本の古代国家が地方支配を行うなかで、宮都や地方官衙は支配の手段としての役割も果たした。国府や郡衙は地方を支配する律令国家の意志を示して造営され、古代国家の形成過程や制度は地方官衙の構造に反映されており、それを明らかにすることは律令国家の地方支配の実態や在地の対応を知る手掛かりとなる。

古代の道路についてみれば、平城京の朱雀大路が幅員七五メートル《メートル》と実用性を超えた道路であり、これは天皇権威の象徴としての、国家統治の威信表示の舞台装置の一つであったことが考えられてきた。地方においても、道路遺跡の発掘調査によっても、官道（駅路）が幅九〜一五メートルと必要以上に幅広く、直線路として設けられていることも交通の実用性だけからは説明はできない。山陰道のような駅路も国家統治の威信表示の舞台装置である性格をもつ。山陰道も幅が九メートルもある、大規模な直線道路で、実用性を超えたものであることが明らかになっている。古代道は、律令制支配の貫徹を可視的に地方に示すための装置の一つとしても整備されたのである。

国府や郡衙の施設も、発掘調査の成果を踏まえると、こうした直線的で大規模な官道に面して可視的な権威誇示としての機能をもって、造営されている実態が明らかになってきている。ここでは、古代において地方の役所の建物を立派に建てた可視的な権威誇示が、地方支配を行うにあたっていかに重要であったかをみていく。

宮都の荘厳化

『出雲国風土記』が完成した奈良時代は、国府・郡衙の整備が本格的になされた時期であり、平城宮などの都における宮殿や寺院の荘厳化が地方にも大きな影響を与えていた。

当時の都であった、飛鳥・藤原京・平城京において、瓦葺き建物がどのように位置づけされたか、みておきたい。前述したように、宮殿や官衙に瓦葺きの建物が採用されるようになるのは寺院よりも遅れ、七世紀末頃の藤原宮からはじまる。古代律令国家の成立時期に、藤原宮は宮殿として、はじめて荘厳な瓦葺き建物として造営される。藤原宮で採用された礎石立ちの瓦葺き建物は、平城宮でも引き継がれ壮麗な大極殿が造営された。そこでは、元日の朝賀や天皇の即位式、さらに蕃客《ばんかく》の謁見などが行われた。奈良時代になると平城京では邸宅を丹塗りの瓦葺き建物にするようにとの命令が出されており、丹塗りの瓦葺き建物には、平城京を壮麗にするという視覚的な効果があった。

平城京は、万葉集に「青丹《あおに》よし　奈良の都は咲く花の　匂うがごとく　今盛りなり」（小野老朝臣）と詠まれる。青丹は瓦（青）葺きで丹塗りの柱の建物が並ぶ様子を表現している。

都では、宮殿だけでなく貴族の邸宅の一部にも瓦葺き建物が採用されていた。出雲国府に派遣された国司は京内に邸宅を構えていたような貴族などの役人である。国司は派遣先の館も都に似せてつくらせたようであり、出雲国府の介館《すけのたち》である大舎原地区にも瓦葺き建物が建っていた。

国府の荘厳化

地方では、奈良時代になり都が平城京の頃、国府・国分寺造営に際して屋根に瓦が葺かれるのが一般的である。都城を除くと、地方官衙では藤原京が建った頃に官衙の建物に瓦を葺くことは少ない。この時期に瓦葺き建物を採用した地方官衙として、群馬県入谷《いりや》遺跡（上野《こうずけ》国新田《にった》郡衙関連）・宮城県名生館《みょうだて》官衙遺跡（陸奥国玉造《たまつくり》郡衙）・岡山県勝間田《かつまた》遺跡（美作国勝田《かつた》郡衙）がある。実は、下野国府や常陸国府の国庁からも、この時期の瓦が出土しており、出雲国府だけではないのである。国府で出土する奈良時代初め頃までの瓦は、正殿を中心に葺かれたとみられる。

国府の中心施設である国庁の多くは、奈良時代中頃に瓦葺きになる。これまでは国分寺造営を契機として、奈良時代後半（八世紀後半）になって国庁が瓦葺きの建物に整備されたとみる見方が有力であった。しかし、国府出土瓦について検討してみると、すべての国で国庁が国分寺造営後に瓦葺きを導入するわけではなく、下野国・陸奥国・常陸国・美作国のように国分寺造営に先んじて国庁が瓦葺きになっている国、武蔵国のように国分寺とほぼ同じ時期に瓦葺きを採用する国もある。国府の建物整備や瓦葺き、礎石建物の採用は国分寺造営を契機として進むばかりではなく、国分寺創建前から行われている点に目を向けていく必要がある。

このように、国分寺創建前もしくは同じ時期に国庁が瓦葺き建物となっている国が少なくない。陸奥国府（多賀城）、下野国府、常陸国府、三河国府など、明らかに国分寺に先行して、国庁に瓦葺き建物を採用している。これまでは国分寺研究が進んでいたために、国分寺造営の影響で国分寺創建以降に国府施設の礎石建物の採用、瓦葺きの導入はされたとする見方が有力であった。しかし、最近の国府の調査・研究や瓦研究の進展を踏まえて再検討すると、国府の瓦葺き建物の造営は必ずしも国分寺創建に遅れるものではなく、国分寺に先んじる例が多いのである。

ほとんどの国府において瓦葺き建物を採用していることも注目できる。国家の威信を示すように、国庁が舞台装置となっていたためであろう。国府で瓦葺き建物は、国庁の正殿を中心に採用されている。出雲国府においても国庁から瓦葺きや礎石建物の建設ははじまったとみられる。国庁の正殿は、都の大極殿に相当する建物で儀礼・儀式の場として用いられた。特に、正月に行われる朝賀の儀はもっとも重要な儀式であり、諸国の国庁は地方の官人と天皇を中心とした中央政府との服属儀礼として機能した。その舞台装置としての役割を担った施設が国庁の正殿であり、地方支配の最重要施設であった。

国府の瓦葺き建物の採用は、平城宮の整備、平城京内の邸宅、山陽道の駅家と同じく奈良時代前半から半ばにかけて行われている点から考えると、都の整備と連動して行われていたのである。国府の整備の目的は、柱を丹塗りした瓦葺き建物の視覚効果によって、対外的に天皇を中心にした中央集権国家の威信を示すことによって、地方統治にも役立てたものであった。それを端的に示すのが、出雲国府から出土した瓦や鴟尾である。

各地の国司館

国府には都から国司と呼ばれた中央派遣官が派遣され、居宅を構えていた。国司は守《かみ》・介《すけ》・掾《じょう》・目《さかん》の四等官の役人で、それぞれが館を構えていた。館は国司自身の生活の拠点であるとともに、饗宴や政務の場ともなっており、庭園も設けられ、曲がりくねった水の流れに酒杯を浮かべ漢詩文を詠む曲水宴なども開かれた。『万葉集』には国司館における饗宴がみえ、『土佐日記』には国司交替の折に守館で送別の宴が催された様子が記されている。筑後国府（福岡県）や山王《さんのう》遺跡（宮城県）の国司館では、煮炊き用ではない供膳形態の土器が多数出土しており、饗宴を裏づけている。

各地の国府で国司館とみられる施設がみつかり、その特徴は、大型の建物数棟が一〇〇メートル程度の敷地のなかに建ち並び廂をもつ格式が高い立派な建物を中心とし、高級な緑釉陶器などの食器が多く出土する。下野国府では、東西約七〇メートル・南北約一〇〇メートルの敷地を掘立柱塀で区画し、東西に直列する二棟の廂付建物を中心にして、その前後に建物数棟を計画的に配していた。「介館ヵ」と墨書した土器が出土し、介の館と推定されている。

国司館とみられる建物の構造や配置には多様性があるが、基本的には、塀で囲まれ一〇〇メートル程度の広さをもち、廂付大型建物、その前面の広場、副屋《そえや》・雑舎《ざつしゃ》とみられる複数の建物で構成され国司館の格式の高さを示している。多賀城（陸奥国府）の山王遺跡や下野国府の国司館では、国庁が衰退する一〇世紀前半代に大規模な廂付建物が造営されており、国司館が儀礼や政務の場として国庁に代わる大きな役割を担うようになっていたことをうかがわせている。また、国司館は国司の経済活動の拠点としての役割も果たしていたとみられる。

出雲の国司館

国司の人数は国の格によって異なり、出雲国は上国であり、中央から派遣された国司はそれぞれに館をもつので、出雲国であれば国府に一〇ヵ所ほどの館があった。出雲国府からはまだ長官の国守の館はみつかっていないが、国庁の北側にあたる大舎原地区において、次官の介館がみつかっている。塀に囲まれたなかに、南を向いて大型建物が東西に二棟並び、周囲からは付属の建物もみつかっている。「介」と記された墨書土器が高級食器の緑釉陶器とともに出土し、ここが介館であった。なお、出雲国府の復元模型で、長官である守の館は国庁のすぐ西側に苑池をもつ立派な屋敷となっている。

国司館も国によっては屋根を瓦葺きとして立派にする例が、近江《おうみ》国府や下野国府でみつかっている。出雲国府の国司館からも国庁や国分寺と同じ瓦がみつかっており、格式の高い丹塗りで瓦葺きの館であった。出雲国府に限らないが、国司館の特徴として、東西に大型建物が並列して配置してみつかることが多い。出雲国府、武蔵国府の国司館でも同様な建物配置をとっている。東西それぞれの建物について、私的な機能と饗宴・政務などの公的な機能との違いが想定されるが、こうした国司館内部における建物機能の解明については、今後の課題となっている。

出雲国府の玉作り

国府には武器などの鉄製品などを製作する工房が設置されることがあり、国衙工房と呼ばれる。出雲国府では、日岸田《ひがんで》地区がその一つである。山陰道と隠岐道の十字街から国庁に向かう道路沿いで国司館の北東にあたる。建物や溝がみつかり、各地からもち込まれた漆《うるし》を入れた壺が多数出土し、金属器生産に関わる坩堝《るつぼ》・羽口《はぐち》・鉄滓《てつさい》や玉作りに関わる遺物が出土しており、ここでさまざまな生産が行われていた。

出雲国府で注目される点は、玉作りに関わる石材や砥石などが各所から出土し、国府に玉作りの工人を上番させてつくらせていることである（図9）。工房とされる日岸田地区だけでなく、出雲国府では宮の後地区・大舎原地区を含めて各所で玉作りに関わる遺物は採集され出土している。石材は水晶が多く、メノウ、碧玉《へきぎょく》、黒曜石《こくようせき》に加えて石帯の未製品、筋砥石などの玉作関係遺物が出土している。奈良時代の製品としては、平玉・丸玉があり、勾玉《まがたま》や管玉《くだたま》も出土しているが、これは古墳時代のものらしい。出雲国府での玉作りは奈良時代前半の八世紀前半に限られるようで、それ以降は松江市玉湯町の蛇喰《じゃばみ》遺跡、岩《いわ》

図9　出雲国府出土の玉作関係遺物（島根県教育庁埋蔵文化財調査センター提供）

屋《や》遺跡に移って行われている。ただし、出雲国府で恒常的に玉作りを行っていたものか、臨時的な生産であったかはよくわかっていない。

他の国府でも金属器生産・漆工・石帯や織物生産などが行われていたことが明らかになっており、国府が中心になって国内から工人を集めて生産にあたらせた国衙工房があった。出雲国府の特徴は、玉作りを行っていた点である。奈良時代になって、石材を用いた玉作りを行っていたのは、全国で出雲国だけである。玉は古墳時代の勾玉ではなく、水晶と黒色石材による丸玉がつくられ、都にも献上された。出雲に古墳時代後期の六世紀半ば以降、玉生産が集中し、各地に供給されたことが明らかにされている。一方で、製作技術からみると、出雲国府で奈良時代に行われていた玉作りは古墳時代のものとは大きな違いがあって、断絶しているとみられている。

忌部の玉作りと貢進

意宇郡条「国造が神吉詞《かむよごと》を唱えに朝廷に参上する時に、潔斎《けっさい》に用いる清浄な玉を作る地である。だから、忌部《いんべ》という」

『風土記』には、意宇郡の忌部神戸《かんべ》は国造が代替わりの時や天皇の即位などの神賀詞《かむよごと》奏上にあたって、都に上がり天皇に奏上する際の玉をつくるとされている。出雲の玉は、天皇の長寿や健康の祈念や宮中の祭祀にも用いられた。『風土記』が完成した同じ年の天平五年（七三三）の「出雲国計会帳」から、出雲国から水精玉が中央へ貢進されていたことがわかる。王権や伝統的生産者集団との関わりで、玉作りを行っていたとされる。

各地の国府においても、国府や中央政府の需要を満たすための官営工房である国衙工房が国府域内や国内の各所に設置され、武器や高級食器、高級織物などの生産が行われていたとみられるが、どうして出雲国では、奈良時代に限ってわざわざ石材の原産地から離れた国府に工人を集めて玉作りを行わせていたのかと思う。出雲から天皇へ献上された玉も製作されていたとみられるが、そうした点と関わるのであろうか。あるいは、玉作りが古墳時代で断絶したために、国府が中心になって新たに工人を再編成したためであろうか。

出雲国府と国郡制の成立

国府の成立時期

ここでは、出雲国府をはじめとする諸国に置かれた国府が、国郡制の形成とどのように関わると考えられているかをみていくことにする。

天皇を中心とする律令国家の確立は、大宝令が完成した大宝元年（七〇一）頃とされている。この年、藤原宮の大極殿における元日朝賀の儀式で、「文物の儀、ここに備われり」（『続日本紀』大宝元年正月朔条）とされ、律令制を基軸とした中央集権的国家による領域支配と支配の舞台装置である都が完成したことを示している。この頃までには国司が地方に派遣され、地方豪族を郡司に任命した統治が成立する。

国司が地方の統治の拠点とした国府がいつ成立したかをめぐって、学界のなかで研究者によって数十年もの違いがあることをご存じの読者は少ないであろう。都の年代は、平城京であれば和銅三年（七一〇）、平安京であれば延暦十三年（七九四）となっているように、古代日本において六〇余りあった国の国府の設置年代も明確になっていると思われているかもしれない。しかし、実際には、国府がいつ成立したかをめぐっては、今も議論が続いている。

これは国司が派遣された年代と、諸国に「独立した役所施設としての国府」が設けられて地域支配の中心となっていた点について、別に分けて考える必要があるためである。どの時点から国司が独立した役所としての国府に居を構えて、地域支配を行っていたかが議論されてきたのである。

当初、七世紀中頃から地方の諸国に派遣された国司（七世紀代は国宰＝クニノミコトモチ）は、地方に常駐したわけでなく一度限りの使者であった。そのため、地方豪族の居宅を利用したり、仮屋に滞在したのではないかと思われる。その後、七世紀後半の天武朝に国境の画定が進められ、そうしたなかで国司が地方に常駐し地域支配を行うようになったと考えられる。

その一方で、七世紀後半から八世紀前半にかけては、郡家が地方支配の拠点となり、郡家に国司は間借りしたり、巡回するような形で政務をとっていたとみて、独立した官衙施設として国府が設置されたのは八世紀前半から中頃にかけてとみる意見もある。

このように国司がいつから諸国に常駐していたか、独立した役所としての国府はいつ建設されたのかをめぐって、文献史学・考古学から検討が行われている。国府創設をめぐっての議論のなかで、常に問題となってきたのが、すでに紹介した天平五年（七三三）の『出雲国風土記』の「国庁・意宇郡家」の記載と発掘調査によって六所脇地区でみつかった国庁の建物である。

出雲国府の成立年代

『出雲国風土記』に記された出雲国庁は、六所神社付近にあったことが明らかになり、各地の国府や国庁を検討する上で重要な手がかりとなっている。

国府の成立過程を考える上で、出雲国府の発掘調査の成果と『出雲国風土記』との関係が問題となってきた。争点の一つが、先の『風土記』記載の「国庁・意宇郡家」であった。出雲国府が所在する意宇郡でない「大原評」と記された評制下の木簡が出土し、七世紀末には出雲国府が役所として機能していたことが明らかになった。国府の行政機能が七世紀末頃にはじまっていた事実から、この頃に国府が成立していたと考えるのが自然だと思われるが、いまだに学界では、七世紀末頃に独立した役所として国府を認める研究者は少数派である。出雲国府で「大原評」木簡が出土し、すでに半世紀が経つが、国府が成立した年代をめぐって研究者による違いは大きいのである。

昭和の調査

昭和四十三年〜四十五年の発掘調査によって、出雲国府の所在地が六所神社付近に確定したことは、すでに説明した。一方で、そのことは、この後、現在にいたるまで出雲国府の成立年代をめぐって半世紀におよぶ議論のはじまりでもあった。六所脇地区でみつかった四面に廂をつけた格式が高い正殿（SB20）はⅡ期とされ、この下層から出雲国府でもっとも古いⅠ期の官衙建物として、向きがやや振れた二棟（SB18・19）がみつかっている（図10）。

昭和の調査によって、七世紀代にさかのぼる評制下の「大原評」木簡とともに、七世紀後半代の土器も出土しており、六所神社周辺に七世紀後半代から官衙施設が設置されたことが明らかになった。その一方で、意宇郡家の施設を間借りするような形で出雲国府は機能していたと長い間、理解されてきたのである。

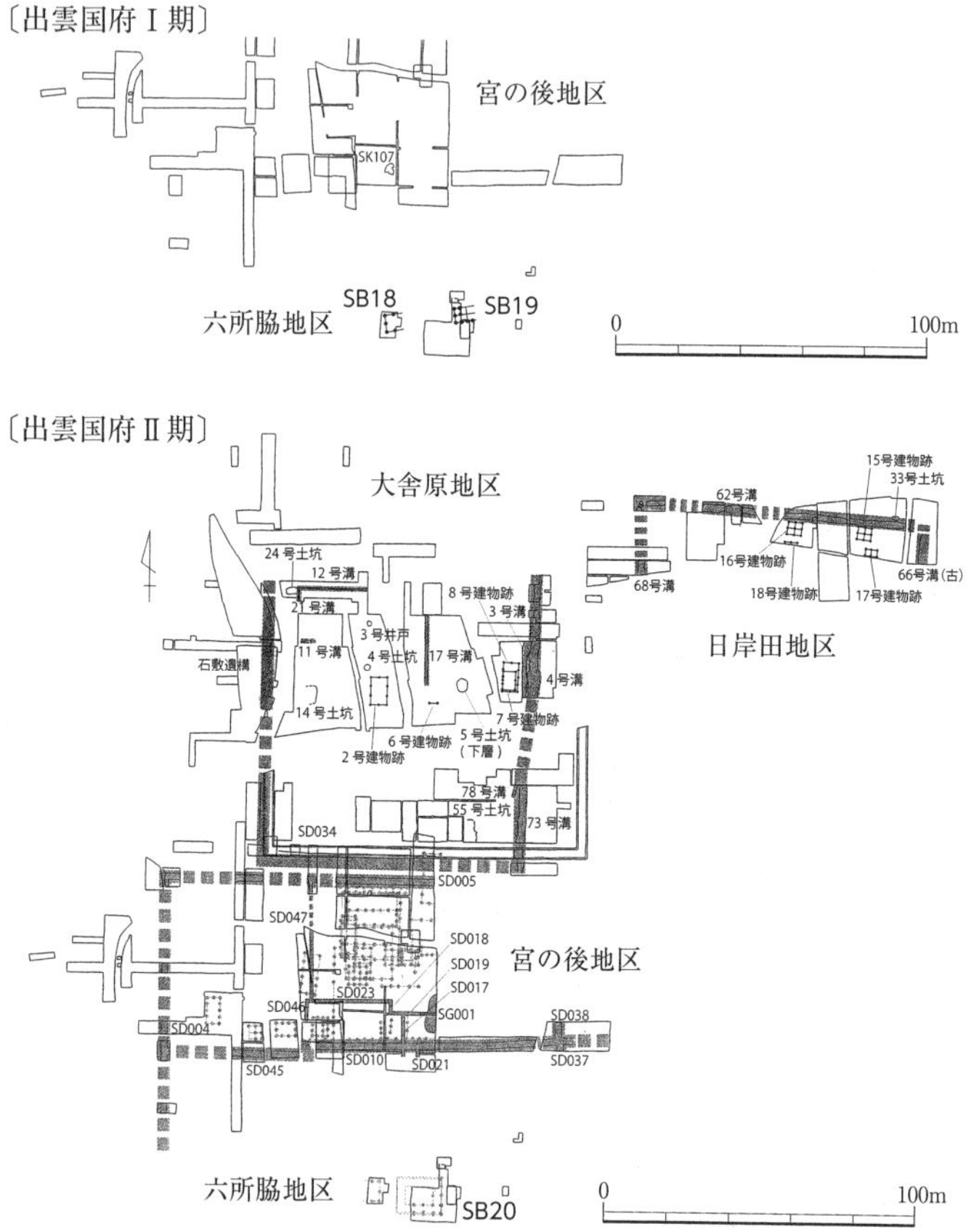

図10　出雲国府Ⅰ・Ⅱ期の変遷図（島根県教育委員会2013より作成）

意宇郡家との同居説

古代史学者の青木和夫は六所脇地区でみつかった出雲国庁について、『風土記』の「国庁意宇郡家」の記載を「国庁たる意宇郡家」と解釈して、天平五年（七三三）時点において意宇郡家に国庁が同居していると考えた。『出雲国風土記』の理解と出雲国府跡の発掘調査成果から導き出した、国府が郡家と同居していたとする説は、出雲国府だけでなく全国の国府の成立時期とその実態を考える上で現在まで大きな影響を与えている。

少し長くなるが、青木の説明をみておく。

初期の国庁説　出雲国庁の所在は、こうして確認はできたが、意宇郡家のほうはどうか。『風土記』によれば、ほぼ同じところにあるはずだ。ところがこれまでの発掘では、それと確認できる遺構がないらしい。もっとも全面的に発掘したわけではないし、付近の地下にまだ眠っているのかもしれぬ。しかし、である。発掘にたずさわったわけでもなく、考古学にもしろうとの私がこんなことをいうのは、まったく見当はずれといわれてもしかたがないが、「宮の後」地区の遺構はじつは郡家そのものだったとは考えられないだろうか。郡家にも文書事務を担当する役人はいるし、「厨」もあって給食もするのである。ことに意宇郡司は出雲国全九郡の郡司総代として、のちのちまで国造をつとめていた特殊な存在である。国庁が建設されるまでは、国司は意宇郡家にいて、出雲国を押えていたと解釈しえないだろうか。（中略）

こう考えてくると、さきほど引用した『出雲国風土記』のなかの「国庁意宇郡家」も、ふつう訓まれているように「国庁と意宇郡家」ではなく、「国庁たる意宇郡家」と解釈する余地が生まれてくる。つまり『風土記』が進上された天平五年（七三三）という時点では、国庁が郡家と、まだ同居していたとみるのである。

こうして、『出雲国風土記』の「国庁意宇郡家」は、「国庁と意宇郡家」ではなく、「国庁たる意宇郡家」と理解し、天平五年頃には出雲国府は独立した官舎ではなく、意宇郡家を間借りするような形で行政実務が宮の後地区で行われていたと考えられるようになる。

当時、地方において官衙遺跡の発掘調査事例が少なく、国庁がわかっているのは近江国庁と多賀城（陸奥国府）くらいであった。地方において七世紀後半にさかのぼる官衙遺跡は知られておらず、八世紀中頃にならないと国庁は出現しないと想定されたのは仕方がない状況であった。現在は、国庁の下層や付近から七世紀後半代にさかのぼるとみられる建物が、筑後国府・常陸国府・日向《ひゅうが》国府などでみつかるようになっている。

「大原評」木簡

一方、『出雲国風土記』の文献研究もすすみ、天平五年時点において国庁と意宇郡家は里程などから別の施設であった点が明らかにされている。また、『出雲国風土記』の「国庁意宇郡家」の読み方については、「国庁たる意宇郡家」とするのは難しく、「国庁と意宇郡家」とみる意見が有力となっている。したがって、『出雲国風土記』による限り、天平五年において、出雲国府は意宇郡家とは別の独立した施設として理解した方がよい。

また、「大原評」木簡を含めた宮の後地区出土の木簡研究から、そこで行われていた行政実務は意宇郡だけによるものでなく、国府機能との関わりが強い点が明らかになっている。これまでの『出雲国風土記』と出土木簡の研究からみると、六所地区・宮の後地区を中心に評段階から出雲国府は機能していたとみられる。『出雲国風土記』が完成した天平五年頃、出雲国府は意宇郡家を間借りするような形で行政実務が行われていたのではなく、七世紀末頃には独立していたのである。

評制下の木簡

出雲国府の発掘調査では木簡がみつかり、ここで文書行政の実務が行われたことを明確に示し大きな成果であった。しかし、前述したように長い間、天平五年頃まで意宇郡家に間借りするような形で国府が存在し、機能していたと理解されてきた。近年の考古学・文献史学の研究によれば、宮の後地区でみつかった評制下の「大原評」木簡についても、独立した官衙施設として出雲国府は機能していた資料であると理解できるようになったのである。出雲国府では、七世紀後半の評制下に官衙施設が整備され、そこで政庁や実務的な施設が設置され、儀式や文書を作成することを含めて国府として機能していたのである。

しかし、他の国府（推定地を含めて）から評制下やそれに近い八世紀初め頃の木簡が出土しても、かつての出雲国府出土の「大原評」木簡の評価と同じように、依然として国府が独立した役所としてあったとみるのではなく、郡家と一体として機能していたと理解される場合が多い。

出雲国府で木簡が出土した当時、国府の調査自体が少なく、評制下にさかのぼる木簡だけでなく、八、九世紀代の文字資料もほかに国府出土例がほとんどなく比較・検討できなかった。

現在は、各地の国府や郡家遺跡で木簡が出土することは珍しくなく、評制下の木簡も例が増えつつある。出雲国府のように、木簡から七世紀末頃に国府機能がみられる遺跡として、千曲市屋代《やしろ》遺跡群（信濃《しなの》国）、徳島市観音寺《かんのんじ》遺跡（阿波国）、太宰府市国分松本《こくぶまつもと》遺跡

（筑前国）が知られるようになった。

屋代遺跡からは七世紀後半から九世紀初めの木簡一三〇点がまとまって出土している。年紀のわかるものでは乙丑年（六六五年もしくは七二五年）をはじめとし、戊戌年（六九八年）や和銅七年（七一四）と推定される木簡などがある。国府との関係では、信濃国司が更科《さらしな》郡司らに宛てた国符木簡や、埴科《はにしな》郡司が余戸里長や屋代郷長里正らに宛てた郡符木簡などがあり、屋代遺跡群周辺に信濃国に関わる施設や埴科郡家があった。

国分松本遺跡は筑前国分寺と尼寺の間に位置し、筑前国府関係施設との関わりが推定できる木簡が出土している。七世紀末、飛鳥浄御原令（六九八年制定）の戸籍・計帳制度に関わる資料であり、付近に筑前国府の前身施設などがあったことが考えられている。現地を訪ねると、大宰府の条坊地割が施行された外側で、後に建立される筑後国分寺付近であり、筑前国府に関わる施設を想定したい場所である。施設そのものはみつかっておらず、その解明は今後の調査に期待しよう。

阿波国府は徳島市観音寺遺跡付近にあったが、国庁などの中枢建物はみつかっていない。自然流路から阿波国府および国府以前の木簡と土器類、瓦類が多量に出土している。阿波国府の成立は、木簡の出土数のピークなどから七世紀末頃と考えられており、国造家の居館（六世紀末）、評衙（七世紀後半）、国府（＋評衙の可能性、七世紀末）といった施設の変遷の流れがスムーズに行われたように推察されている。国府や郡家（評家）の実態は、建物などがみつかっておらず明らかではないのが残念であるが、阿波国府としての機能は七世紀末頃までさかのぼる。

こうした七世紀代にさかのぼる木簡を出土した各地の遺跡では残念なことに、建物そのものはみつかっておらず、施設の実態を知ることはできない。木簡などの文字資料から、各地で七世紀後半代には国府機能をもった施設が成立していたとみることができる。

一方、出雲国府では木簡は国府近くの河川などの流路から出土しているのではなく、実際に文書行政を行った実務的な施設である宮の後地区で出土しているのである。宮の後地区は、国庁のすぐ北側にあたり、政務・儀礼施設の裏手に実務的な施設が置かれており、そうした建物群を区画する溝の一つから「大原評」をはじめとする木簡が出土し、ここの建物で文書行政が行われていたがわかる。各地で国府の機能がいつからはじまるかを考える上で、木簡とともにその施設までわかっているのは出雲国府だけである。出雲国府のあり方を参考にみれば、各地の国府出土の評制下の木簡についても、それぞれの国において国府機能が七世紀末頃にはあり、郡家に間借りするような形ではなく、独立した施設で行政実務を行っていたことがわかる。

出雲国府のはじまり

出雲国府をはじめとして、諸国で国府が七世紀末頃の藤原京期には成立したとみている。その一方で、八世紀の前葉から中頃にかけて、国府が成立するという意見もある。後者の見方に立った場合、都が平城京に遷都して二〇年以上経っても、まだ地方では国府は独立した施設ではなく、郡家を仮の庁舎として利用して行政実務を行っていたことになってしまうことに大きな疑問をもっている。

出雲国府をはじめとする国府の調査成果から、藤原京に都が置かれた七世紀末から八世紀初頭には、すでに全国に国府は設置され、独立した国庁をともなうと考えている。都が藤原京（六九四～七〇九）にあった頃には、各地で国庁を中心に国府は郡家とともに設置され機能していた。

各地における国府の調査成果によれば、出雲国庁の調査でみつかったように、七世紀後半（末頃）から八世紀初めにさかのぼる建物が、常陸国庁・日向国庁・美作国庁などで相次いでみつかっている。官衙で用いられる特徴的な長大な建物（長舎）で広場をもつ点から、八世紀以降に同じ場所で建て替えられた国庁と同じく儀礼空間であったとみている。その一方で、国庁の前身官衙と理解されることが多く、国庁とみる意見は少なく郡家の政庁（郡庁）と理解され、後に郡庁が同じ場所で国庁として建て替えられたとみられることが多かった。その理由は、長舎を用いた施設は郡家の郡庁で似たような例が多くみつかっていること、規模も一般的な国庁が一辺一〇〇㍍《メートル》程度あるのに比べて、五〇㍍《メートル》程度と小さく郡庁と似ていることもあった。

こうした背景には、『出雲国風土記』の記載を「国庁と意宇郡家」ではなく、「国庁たる意宇郡家」と解釈できるという説が根拠の一つとなっていた。すでに説明したように、『出雲国風土記』の記載は「国庁と意宇郡家」と別の施設と解釈でき、天平五年（七三三）以前に国庁と郡家は別の施設として存在したと理解できるのである。後の一辺一〇〇㍍《メートル》程度の定型化した国庁に比べると規模や格式の点で劣るが、当初から、こうした長舎からなる政庁が独立した国庁であったとみるのがよい。

初期国庁の姿

各地の国府でみつかった七世紀末から八世紀初頭頃の政庁は、評家や郡家の政庁ではなく初期国庁とみてよいだろう。その一方、国庁の構造において七世紀末頃と八世紀前葉以降との違いが明らかになってきたのが、近年の大きな成果である。

文献史学の成果によれば、国府において政務を行う機能は八世紀前葉以降に進む。こうした国府の組織・国府機構の充実を背景として、八世紀前葉以降に国庁周辺にさまざまな行政機能をもつ施設が展開していくのである。国庁も威容をより示すように規模が大きくなり、格式が高いものにつくり替えられていったのであろう。

律令国家の形成は天武朝が画期となり、天武十二～十四年（六八三～六八五）に国境確定事業がなされる。こうした国境確定を経て国司が常駐官として派遣されるなかで、国府が設けられる。その実態は、出雲国府の六所脇地区や後方の宮の後地区でみつかった、建物群や木簡が示している。

国府施設の記事

七世紀後半代に、国府の施設があったとする史料はほとんど知られていない。この点で、『日本書紀』天武十三年（六八四）十月壬辰条にみえる大地震の記事が注目できる。阪神大震災や二〇一一年の東北大震災以降、注目されている一三〇〇年前にあった南海トラフ大地震である。

天武天皇十三年の冬十月に大地震があり、国中の男女が叫び逃げ惑い、山が崩れ川は氾濫し、諸国郡官舎、民家・倉庫・寺の堂塔・神社が壊れた。多くの人や家畜も死傷した。伊予の温泉は湯が出なくなり、土佐の田は約一千町歩が没した。

大地震の記事にある「諸国郡官舎」は、「諸国の郡の官舎」と読んで国の官舎の記載はないとされ、この天武十三年の頃には、国府の官舎がまだ本格的には設けられていなかったことを傍証するものと解釈されている。確かに、考古学的にみた場合、これまで地方において国府とみられる官衙遺跡が出現する時期は、ほとんどが七世紀末頃からである。この記事は、本格的な官衙施設として国府が天武十三年時点では整備されていなかったことを示すものであろう。

その一方、近江国府のように八世紀中頃からはじまる国府があることをどのように理解したらよいかが問題となる。国によって、半世紀近くも国庁をはじめとする官衙施設の建設が異なるとは考えがたいからである。実は、都が遷都するように、国府もさまざまな要因で移転している例が知られている。出雲国府では移転がなく、七世紀後半に設置され古代を通して機能していたが、国によっては移転している例は珍しくないのである。

ここでは、移転前と移転後の国庁がみつかっている例として、隣国である伯耆国の状況をみておく。

伯耆国府の成立

伯耆国は鳥取県中西部にあたり、国府は久米郡《くめ》（倉吉市）に置かれた。

伯耆国衙跡は国府川沿いの丘陵上にある。西から国庁、国分寺、尼寺の法華寺畑《ほっけじばた》遺跡が隣接し、そこから約一キロ北東に初期国府とされる不入岡《ふにおか》遺跡が所在している。

伯耆国府では国庁を中心にして実務的な官衙建物もみつかっており、八世紀後半から一〇世紀の四期にわたって変遷する。

Ⅰ期は八世紀中頃から末期で、国庁は掘立柱塀で区画され南門・前殿・正殿・後殿を配置し、正殿の東西に細長い脇殿と脇殿の南に楼閣風建物を設ける。伯耆国庁は、正殿を中心に脇殿をコの字形に配置した国庁の典型例として知られている。八雲立つ風土記の丘展示学習館の出雲国府模型の出雲国庁復元にあたって、建物配置を含めて脇殿や楼閣風建物などを加えたのは、この伯耆国庁を参考にしている。

伯耆国庁の成立は八世紀中頃である。これに先行する初期国府として注目されているのが、約一《キロ》北東に離れた不入岡遺跡である。大規模な掘立柱建物群が出土し、大きくは二期の変遷がある。時期は八世紀前半から一〇世紀代である。建物配置や構造からみて、Ⅰ期とⅡ期で遺跡の性格が大きく変化する。

Ⅰ期は八世紀前半で、溝で区画された内郭と、その西と北にそれぞれ柵列によって区画され掘立柱建物群が配置された外郭からなる。内郭は東西一七九《メートル》と大規模でその西寄りに正殿とそれを囲んで北・東・西に長大な建物を置く。内郭の建物群は一時期だけで建て替えはされていない。外郭の規模は東西二二八メートル、南北一八〇メートルで、そのなかに東西棟二～三棟と南北棟一棟からなる四群の建物群が南北に展開し、その配置は伯耆国衙跡の官衙遺跡と共通する。さらに、郭の東西長や西方外郭の幅が伯耆国衙跡の南北長や東張出部の幅とほぼ等しいという規格の類似点も明らかにされている。

不入岡遺跡では、八世紀後半のⅡ期になると大きく建物配置や構造が変わる。内郭の建物群に変わって大型の総柱式建物などが建ち、外郭西方も東西棟の大型建物が一〇棟、軒を接して南北に並列して建つ。物資の一時的な収納施設とされる。

不入岡遺跡の年代を推定できる遺物は少ないが、七世紀後半から八世紀前半に官衙として機能していた。Ⅰ期について久米郡家とするには規模が大きすぎる点と、伯耆国衙が八世紀後半から造営される事実から、不入岡Ⅰ期は前身の伯耆国衙と考えられている。これまで伯耆国では国衙跡の調査成果から国府の成立は八世紀中頃とみられてきたが、不入岡遺跡Ⅰ期を初期の伯耆国衙とみれば、出雲国府と同じ頃に成立していたことになる。

出雲国府のように、七世紀後半の初期国庁を含めた国府の諸施設がみつかり、国府の移転がない場合と、伯耆国府のように、八世紀以降に国府が移転した場合がある。八世紀中頃からはじまる近江国府も、別の場所から移転してきた可能性が高い。これまでも、近江国府北方で白鳳時代の瓦が出土する、南大萱《みなみおおがや》付近に初期の国府を想定する意見もあった。最近、七世紀代にさかのぼる木簡が近江国府北方の菅池《すがいけ》遺跡で出土し、国府の北方に官衙施設が七世紀代に存在したことが明らかになっている。近江国府の創設時期については元の場所は不明だが、移転も含めて考える必要がある。

初期国府の姿

各地の国府創設期の研究状況をみておく。出雲国府のように、七世紀後半の初期国庁を含めた国府の諸施設がみつかる場合と、伯耆国府や近江国府のように、八世紀以降に国府が移転した場合がある。最近では、出雲国府と同じように国庁下層から官衙建物が確認される例が増えている。元日朝賀の儀式に示されるように、儀式・饗宴用施設として国府のなかでもっとも重要な機能をもったのは、国庁であった。発掘調査の成果から、国府においても儀式の場である国庁が成立当初から造営されていた。

出雲国庁と同じく、常陸国庁・日向国庁・美作国庁の調査で八世紀前半以降に成立する国庁に先行して同位置で前身の官衙建物がみつかっている。これまで述べてきたように、国庁に先行する前身官衙は出雲国府で確認され、元来は郡庁であり仮の庁舎として国府としても利用された施設とみられ、国府の成立年代を八世紀第2四半期に下げる根拠となってきた。筆者は、こうした前身の官衙施設についても、郡庁ではなく国庁の機能をもっていたとみている。同じ場所を踏襲して建て替えられている政庁が、郡庁から国庁に性格が変わったとみる根拠はないので、当初から前身の政庁も国庁とみるのが自然であろう。出雲国府と同じように、国庁の下層からみつかった政庁をみておくことにする。

美作国府

岡山県津山市の美作国府では国庁下層から官衙施設が確認され、国庁・郡庁かが問題になってきた。美作国府の政庁はⅠ・Ⅱ期に区分される。Ⅰ期は真北を向かず約八度東偏した長舎の政庁で、七世紀後葉から八世紀前葉に位置づけられる。美作国は備前国から和銅六年（七一三）に分かれてできた国であり、このⅠ期の政庁は、和銅六年以前にあたることから苫田《とまだ》郡家（評家）の郡庁とされた。Ⅱ期は奈良時代前半から平安時代前期にあたる。年代から、Ⅰ期の長舎の政庁は美作国成立にともない苫田郡家（評衙）から国庁へ性格が変わったと評価されてきた。

近年の研究によれば、Ⅰ期は美作国が成立した和銅六年以降となる可能性が高い。これまで苫田郡の政庁の後を受けて、同じ場所で美作国庁として新設されたと考えられてきたが、Ⅰ期の政庁は苫田郡庁ではなく、美作分国の和銅六年以降の初期国庁だったとみられる。美作国府跡のⅠ期遺構を初期国庁とすると、和銅六年段階ではまだ国庁が大規模でなく、定型化していない姿をしていたとみることもでき、こうした状況は出雲国庁下層でみつかっている初期官衙の建物とも共通する。

常陸国府

茨城県石岡市に所在する常陸国府でみつかっている、奈良・平安時代の国庁は、約一〇〇メートル四方に囲まれた塀のなかに正殿、前殿、脇殿などをコの字形に配置している。

問題になるのは、国庁の下層でみつかった長舎をロの字形に配置した初期の政庁で、年代は七世紀末から八世紀初頭頃にあたる。規模は南北四九・二×東西五七・九メートルで東面している。こうした国庁下層の官衙施設は、その後の国庁と同一位置に建つこと、建物配置などに国庁正殿と共通性がある点を重視して、成立期の常陸国庁として機能したとみている。一方で、初期の官衙は規模が約五〇メートルと小さく、一般的な郡庁と同じである点から、国庁でなく茨城郡の郡庁とみる意見もある。この場合、八世紀前半までは郡庁として機能し、後に国庁として建て替えられたことになる。

一方で、茨城郡家は常陸国府から南東に一・二キロ離れた外城《とじょう》遺跡にあったと推定され、本格的な発掘調査は行われていないが、瓦や土器、炭化米が採集されている。谷を挟んで七世紀後半に創建された茨城廃寺が隣接する。ここからは墨書土器「茨寺」が出土しており、郡名の寺院である。

常陸国庁下層でみつかった官衙施群が初期の国庁か、郡庁か問題があるので、『常陸国風土記』の記載からもみておく。『常陸国風土記』に常陸国庁そのものの記載はないが、茨城郡家については、「郡家の西南部に志筑川が流れている」とあり、八世紀前葉には信筑川《しづくがわ》（今の恋瀬川《こいせがわ》）の左岸にあった。

『常陸国風土記』では、もともと茨城郡家は現在地ではなく北側の那賀《なか》郡内の茨城里に置かれ、後に移転したと記されている。『風土記』によれば、茨城郡の一部が後に那珂郡になっており、郡境の変更があったらしい。

こうした記載や郡名をもつ寺院は近接している場合が多く、七世紀末頃には茨城郡では郡家と寺院は近接して設置されていたと理解できる。やはり、常陸国庁下層で確認された官衙施設は初期国庁であったと考えられる。

日向国府

宮崎県西都市寺崎《てらさき》遺跡が日向国庁で、七世紀末から一〇世紀前半にわたる。建物はⅠ～Ⅳ期の四期に分けられ、各時期の年代については、Ⅰ期が七世紀末にさかのぼり、Ⅱ期が八世紀後半代、Ⅲ期が九世紀代、Ⅳ期が一〇世紀前半以降である。付近からは日向国庁に先行する、方位が大きく西偏する側柱式建物も二棟確認されている。出土した土器から七世紀後半の施設とみられているが、国庁から離れて建物の振れも大きく異なり、具体的な性格については明らかになっていない。

日向国庁が掘立柱塀によって区画され、正殿と脇殿がコの字形配置をとって、定型化した形になるのは、八世紀後半になってからである。それ以前は長舎によって構成され、建て替えから三時期あり、八世紀前半にさかのぼる。Ⅰ期については、規模も定型化国庁よりも小型で五〇㍍ほどであり、国庁であるのか、児湯《こゆ》郡家の郡庁とみるのかで意見が分かれている。これは、同一地点において継続して儀礼施設として機能し、建て替え後は日向国庁になっている点から、Ⅰ期建物は当初から初期国庁であったとみている。これを国庁に考えない場合、八世紀後半になるまで、日向国府では独立した国庁をもっていなかったことになるが、他国の状況からみて考えがたいだろう。同じ西海道の薩摩国については、天平八年（七三六）の『薩摩国正税帳《しょうぜいちょう》』によれば、国司以下六八人が参集して元日に朝拝を行っていた。薩摩国府の実態はわかっていないが、国庁で行われたものであろう。

国庁下層は初期国庁

出雲国府だけでなく、正殿・脇殿・前殿と広い前庭を指標とする定型化した国庁の下層から、長舎を中心とする建物群が、美作・常陸・日向国庁でみつかっている。郡家の郡庁とみるか、もしくは初期国庁とみるかで意見は分かれてきた。これまでは郡庁とみて、後に国庁として建て替えたとみる説が有力であった。筆者はこうした七世紀末頃から八世紀初頭頃に創設された長舎を中心とする儀礼施設は、初期国庁として理解している。そのもっとも大きな理由は、国庁と同一場所を踏襲している点である。その後、規模が拡大し、定型化した国庁となっていくが、その年代は国府ごとに違いが大きい。常陸国府や出雲国府では八世紀前半の一方、美作国庁は八世紀中頃、日向国庁では八世紀後半となっている。

やはり、国庁下層の官衙施設は初期の国庁とみるべきであろう。今のところ、出雲国庁の下層建物は初期国庁とみて問題はないだろう。出雲国府は評制下の七世紀後半代（末頃）に意宇平野の地に設置され、出雲国の中心となっていたのである。

出雲国府と郡家

以上みてきたとおり、これまでは出雲国府の六所脇地区でみつかった七世紀末頃の建物群については、国府の施設ではなく意宇郡の建物とみる説が有力であった。そのため出雲国内でみつかっている郡家が先に建設され、出雲国府が独立した建物として建設されるのは、『出雲国風土記』の天平五年以降と考えられていた。こうした出雲国府の理解が全国の国府研究や調査に大きな影響を与え、各地の国庁の下層でみつかる建物群についても、国庁ではなく、郡家の郡庁であると理解されてきた。郡家より国府が成立するのが遅れるとされ、郡庁の成立や変遷について、国庁との直接的な関連性を読み取られることはなかった。

これに対して、筆者は六所脇地区でみつかった七世紀末頃の建物群は初期の出雲国庁と理解していることを説明してきた。諸国で国府は国庁を中心として七世紀末から八世紀初めには成立し、出雲国府や武蔵国府の調査成果で明らかにされたように、国司館や実務的な施設も同じ頃に設置されており、この頃に国府として機能していたことは確かであろう。その視点から出雲国内でみつかっている郡家との関係をみていくと、国府と郡家の建物配置や構造に共通性がみられる。初期国庁の施設が郡庁の構造に影響を与えた場合が多かったと理解している。具体的に、出雲国府と郡家の構造の関係をみていくことにする。

出雲国庁と長舎

七世紀後半代の律令期になって各地ででてくるのが、古墳時代にみられなかった長大な建物の長舎である。国府や郡家で確認される。長舎とは細長い建物のことで、桁行七間以上の建物は集落でみることはなく、国庁や郡庁に多く用いられる。長舎は、七世紀後半から八世紀前葉にかけての国庁や郡庁といった儀礼空間の中心建物となって使われる。後に、国庁・郡庁は正殿を中心とした定型化したコの字形配置の政庁に転換していくことが、各地の国庁・郡庁で認められている。

出雲国においても、国府や郡家（評家）でみつかっている。長舎は官衙創設期から用いられる場合が多く、儀礼的施設、実務的建物、仮設的建物などの機能が想定されるが、その解明にあたっては建物周辺の空間構成、付属施設との関係、次期の施設との関係などから、総合的に検討する必要がある。出雲国庁や神門郡家《かんど》（古志本郷遺跡《こしほんごう》）のように、長舎の位置を踏襲して、同じ場所で政庁正殿が建つような場合、長舎は儀礼的な機能ももっていたとみられる。

『和気氏系図』に清麻呂の五代前にあたる古麻佐の注記の部分に「難波朝庭、藤原の長舎を立つ」とあり、この長舎については、藤原郡（評）の中心となる行政施設が古い時期（七世紀代）からあったことを示すと考えられている。実際に、各地で長舎が最初に建設されるのは、七世紀後半代であり、単なる居宅ではなく公的な機能も有した施設の中心建物の一つとして採用された場合が多かった。

その後、八世紀以降に採用される定型化した国庁は、長大な脇殿が正殿左右まで延びる長舎型、正殿前面左右に二棟ずつの脇殿がある大宰府政庁型、正殿・脇殿が品字状をとる城柵政庁型の三類型にまとめられる。大きくみると、定型化国庁は塀で囲繞《いじよう》された一院のなかに、正殿・脇殿が塀と分離して左右対称の整然とした建物配置をとり南面する。

出雲国庁も初期の建物（SB18・19）は一部しかわかっていないが、長舎を並べており、

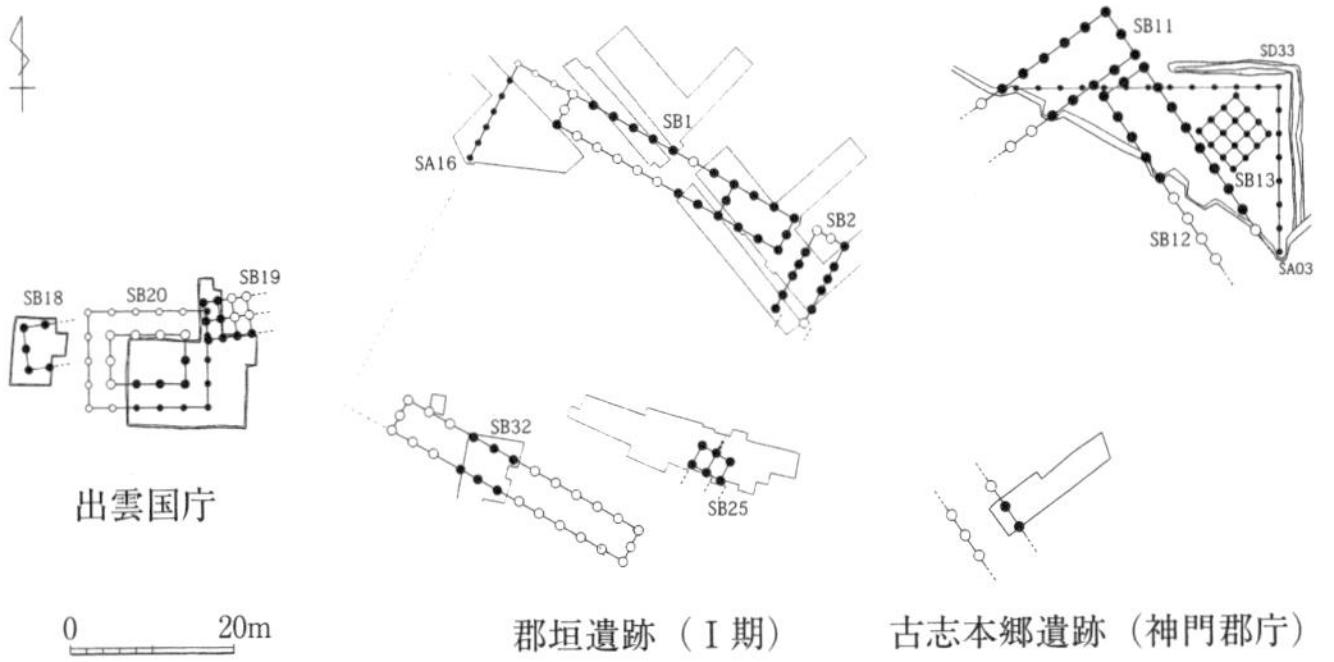

図11　出雲国庁と郡庁（郡垣遺跡・古志本郷遺跡，雲南市教育委員会2014より作成）

その後、正方位を志向した正殿（SB20）を中心として両脇に脇殿（推定）を置いたコの字形配置をとる定型化した国庁に建て替えられていくのである。

こうした国庁や郡庁にみる、長舎から定型化政庁への変遷過程は、七世紀後半の国評制から国郡制による律令国家の統治システムの整備と深く関わるものと推測される。

国庁と郡庁

出雲国府では、初期国庁は斜めに振れた長舎とみられる建物を中心とし、後に正方位の四面廂付建物を正殿とした国庁に建て替えられる。同じようなあり方が神門郡家の古志本郷遺跡でもみられる。郡庁は振れが強い長舎建物から正方位になり、出雲国庁と神門郡家（古志本郷遺跡）の建物や振れの変更は共通する。郡垣《こおりがき》遺跡は、『出雲国風土記』に記載された、移転前の大原郡家の政庁とみられ、大きく斜めに振れたコの字形配置をとり、長舎を連結した政庁が確認されている（図11）。

出雲国内の官衙施設でみると、長舎を採用し出雲国庁と同じく、官衙創設期に斜めに振れた建物方位が八世紀以降に正方位になっていく点から国庁と郡庁との間で類似点が認められる。

出雲国の国庁と郡庁でみられる共通性は、他国でも認められる。建物配置や構造から、陸奥国・下野国・出雲国・美濃国などの国で国庁と郡庁の建物構造との間に共通する点が多い。例えば、下野国でみると、下野国庁は独立した塀と門を備えたコの字形配置をとる。下野国庁と同じ頃に創設された、上神主《かみこうぬし》・茂原《もばら》官衙遺跡（河内《かわち》郡家）や長者ケ平《ちょうじゃがだいら》官衙遺跡（芳賀《はが》郡家）の郡庁は、塀や前殿を欠き規模も一回り小さいが、正殿の前に長い脇殿を置いたコの字形配置をとり、下野国庁の建物配置とよく似ている。両者には密接な関係があり、国庁が郡庁に影響を与えたのであろう。両者の建物配置は類似し、政務・儀式・饗宴などが実施され、郡庁は国庁をモデルに省略・変形して創出された場合もあったとみることができる。

古代の地方行政制度は、国・郡・里の三段階に編成したものであり、国府の下に郡家が位置づけられており、こうした国郡の関係が国庁と郡庁の構造に反映しているのであろう。

出雲国府の発掘調査の成果などからみると、七世紀末頃、都で条坊制に基づく藤原京が造営された頃には、諸国では国司が国府に常駐して、国府に国庁、郡家に郡庁が設けられ、国郡制に基づいた地方統治が行われていたのである。

郡からみた出雲国

地方支配の拠点

国郡制と郡家

奈良時代から平安時代の地方行政制度は、全国を国・郡・里の三段階に編成したものであり、国には国司、郡には郡司、里には里長が置かれた。古墳時代から在地を伝統的に治めてきた国造などの地方豪族は、郡司（七〇一年以前は評司）に任じられ、都から国に派遣される国司の下位に末端の地方官僚として位置づけられることになった。

郡に置かれた役所が郡家《ぐうけ》（郡衙《ぐんが》）であり、在地の豪族が正規の役人として郡司に任命され、郡内を統治する拠点とした。郡は管轄する里の数によって、大郡（二〇〜一六里）、上郡（一五〜一二里）、中郡（一一〜八里）、下郡（七〜四里）、小郡（三〜二里）の五つの等級に分けられた。等級により、郡司の定数や傜丁《ようてい》の数にも違いがあった。郡司は大領、少領、主政、主帳の四等官からなり、国司の監督のもと郡内の地方行政全般を統括した。正規の郡司だけでは郡内の統括を行うことは無理があり、定員外の員外郡司や下級職員、各種の業務に関わる傜丁らが勤務していた。

地方行政制度はたびたび変更が加えられており、大宝律令によって定められた国郡里制の三段階の行政区画は、霊亀元年（七一五）に里は郷と改められ、郷は二〜三里に分かれた郷里制に変わる。後に、天平十二年（七四〇）頃を境に里は廃止され、国郡郷制に移行した。ここで扱っている『出雲国風土記《いずものくにふどき》』が成立した天平五年時点においては、地方行政区画は国・郡・郷・里という制度であった。

地方における地方支配、行政の円滑な推進にあたっては郡家と郡司の役割が重要であり、郡司はもともと在地において国造となっていた伝統的な豪族などが任じられており、そうした伝統的支配権の上に新たな律令制に基づく制度が加わっていったのである。

『風土記』に記載された、奈良時代の国郡制にいたるまでの過程をみておく。

古代出雲国の前史

古墳時代後期（六世紀後半）までに、各地の豪族は中央（畿内）のヤマト王権から国造として地方の長に任じられることになった。この時期に、大和と出雲の豪族との関係を示す資料として、松江市岡田山《おかだやま》一号墳から「各田部臣」と銘文が刻まれた鉄刀が出土している。この頃、出雲の地域をおさめていた国造は出雲臣であった。

大和との関係だけでなく吉備《きび》や越《こし》（北陸）や九州との地域間交流も展開していた。そうしたなか、豪族は大型の前方後円墳を築造するのが一般的であったが、出雲東部では他の地域とは異なり前方後方墳や方墳を採用し、埋葬施設に石棺式石室を用いた独自な墓作りを行っていた。一方で、出雲西部では前方後円墳・円墳であり、出雲最大の前方後円墳である大念寺《だいねんじ》古墳は石棺式石室でなく横穴式石室を採用していた。後期古墳にみられる特徴から、六世紀代においては出雲の東西で豪族はそれぞれ政治勢力として覇を競っていたようである。

出雲における東西の豪族たちの並立が解消されて、地域的な統合が進んだとみられるのは、古墳時代後期から終末期の七世紀代にかけてとみられている。七世紀前半の古墳の規模からみると、出雲西部の古墳は小型であり、東部の意宇《おう》平野を拠点とした出雲臣の勢力が優勢となっていたようである。七世紀後半になって、意宇平野に国府《こくふ》が設置される理由の一つには、こうした在地における勢力関係が関わっているものとみられる。

最後の古墳

筆者が所属する島根大学考古学研究室では、松江市朝酌町にある廻原《めぐりはら》一号墳の発掘調査を行った（図12）。出雲国府の意宇平野とは大橋川を挟んだ地区にあり、律令制下では意宇郡ではなく島根郡にあたる地域に築造されている。調査前は、畿内の終末期古墳で採用される「横口式石槨《せきかく》」をもつ、出雲地域で唯一事例の方墳とされ、七世紀中頃に畿内と出雲との直接的な関係を示すものとされた。現地に行くと、それまでの後期古墳の多くが丘陵上にあり周囲から目立つように立地するあり方をとらず、丘陵から少し下がった南斜面に真南を向いており、立地は飛鳥《あすか》の終末期古墳のあり方に似ている印象を受ける。

そうして発掘調査に入ったが、次から次に予想を超える事態となった。飛鳥の終末期古墳では、墳丘の外表は石を貼って飾るのが通例であり、廻原一号墳も同様な構造をもつと思われていた。実際には、外表に貼石はもたず、墳丘は方墳とされていたが、確定させるのに何ヵ所も調査区を設けて大変であった。

さらに、石室の調査が進むにつれ、畿内の「横口式石槨」との違いも大きなものである点が明らかになった。当初、出雲国の形成過程を考える上で、具体的に畿内との直接的な関係を得ることができるという目論見があった。実際には、廻原一号墳によって明らかに

図12　廻原１号墳の全景（南から）

なった点は、出雲東部で古墳時代後期に流行した石棺式石室との関わりの方がより強いことであった。築造年代は想定されていたより新しく七世紀後半に降ることになり、律令制に基づく出雲国の成立期にあたる時期であった。国府や郡家の創設期とも前後するような時期で、島根評や意宇評（後の郡）などが成立していた頃である。

文献史学の研究によれば、出雲国における七世紀後半と八世紀以降の行政区画は大きく異なっていたとされる。奈良時代には『出雲国風土記』に記されたような国の下に九郡があって、それぞれに有力者が郡司に任命され、郡家を拠点として地方支配を行っていた。それ以前、七世紀中葉から後半にかけては、まず意宇評が中心的な評として先に成立し、後に他の評（後の郡）も成立していったという経過が考えられている。廻原一号墳はそうした評制の頃、出雲で最後につくられた古墳の一つであった。これ以降、国郡制に基づく地方支配が強化されていくなかで、豪族層は古墳築造を終えることになる。

意宇評の成立

風土記の一つである『常陸《ひたち》国風土記』には、七世紀中頃に評（郡）を設置し評司（郡司）を任命したと記されており、孝徳天皇の治世下に全国で評が建てられ在地の国造をはじめとする豪族が評司となったと考えられている。また、律令に基づく国郡制は大宝律令によって成立するが、それ以前の七世紀代は国の下は郡ではなく評という表記であり、国評制となっていた。こうした評については孝徳朝に全国的に一斉に成立し、その後、評は分割再編されていったと理解する説が有力となっている。

『出雲国風土記』の成立は天平五年（七三三）であり、評の設置時期よりも後の記録で評が建てられた頃の記載はない。出雲国の評に関わる史料としてはわずかに『日本書紀』斉明五年（六五九）条に、「神之宮」の造営を出雲国造に命じた記事が知られている。狐が「於友郡《おう》」（当時は評）の役丁の葛《かづら》の木を食いちぎったり、犬が言屋社《いふやのやしろ》に死人の腕を置いていったりという奇異な出来事が記されている。「神之宮」は杵築大社《きづきのおおやしろ》（出雲大社）

を示し、その造営に出雲国造と於友評が関わっていたことを示しているのである。

意宇郡の前身である斉明朝の「於友評」は八世紀の意宇郡よりも広く、意宇郡・秋鹿《あきか》郡・楯縫《たてぬい》郡・出雲郡・神門《かんど》郡なども含まれ、出雲国では当初「於友評」だけがあり、後に於友評は評・郡を地方行政単位として均質化していく上で分割されたと考えられている。分割された結果、『風土記』に記載されているように、奈良時代には九郡となっていくのである。

出雲国だけでなく、七世紀中頃の孝徳朝において全国的に一斉に成立したとみられる評については、建物などの施設として把握できる例はほとんど知られていない。この時点では、まだ評では独立した官舎として建物が十分に整備されていなかったことを示すのであろう。発掘調査によって、各地で国府や郡家の建物が確認されるのは七世紀末頃になってからである。

地方官衙の成立

国評制との関わりで地方官衙の成立過程をみていくと、まず評制下の七世紀後半に居宅と未分化な評家の成立が認められる。その後、天武朝期に国境が確定し常駐官として国司が派遣される七世紀末から八世紀初頭に全国一斉に国庁《こくちょう》を中心に国府が新設され、その国府成立と連動して評・郡家も独立した官衙として整備される。それに続く八世紀前半は行政機能の充実を背景として国府の諸施設が整備された時期として理解している。

評・郡家の成立と展開をみていくと、七世紀後半に大規模な正倉《しょうそう》群や郡庁をともなう定型化した評家に先行する遺跡として、埼玉県熊野《くまの》遺跡、栃木県西下谷田《にししもやた》遺跡、福島県根《ね》岸《ぎし》遺跡などで官衙施設が確認されている。大型建物や長舎建物、門から構成され、畿内産土師器《はじき》や新羅系土器、硯《すずり》などが出土し、一般集落のあり方とは大きく異なるが、後の定型化した郡家と異なり建物配置に規格性が乏しく、中心施設に竪穴住居や井戸を含むなど居宅と未分化な状況が明らかにされている。要するに、規格性は高くないが、普通の集落ではみられないような大型で長い建物が建設され、高級な土器や硯などが出土するような遺跡が地方でみつかるのである。

評の施設が定型化した官衙配置を採るのは七世紀末以降になってであり、それ以前は七世紀前半から継続する居宅が評家としての機能を担ったとみられる。評・郡家の成立過程において、七世紀末頃に大きな画期がある。

出雲国内の郡家として発掘調査されているのは、神門郡家（古志本郷《こしほんごう》遺跡）、出雲郡家（後谷《うしろだに》遺跡）、旧大原《おおはら》郡家（郡垣《こおりがき》遺跡）である。いずれの遺跡も成立時期は七世紀後半でも早い時期ではないようであり、七世紀末から八世紀にかけてである。出雲国内における独立した官衙施設としての郡家の成立は、斉明朝から天智・天武朝の七世紀後半にさかのぼるものではなく、いますこし遅れる。

地方支配の拠点として評・郡家が官衙施設として確立する七世紀末頃は大きな画期であり、同じ頃に国府も成立していた。国府成立が評家施設の成立・整備に大きく影響を与えており、一体となって整備されていった。評・郡家の施設が規格性をもつ官衙配置をとるようになるのは、国府成立との関わりが深い。

評・郡家と国府施設の成立過程をみると、七世紀後半に評家が居宅と未分化な形で成立し、七世紀末から八世紀初頭頃に国府成立を契機に郡家も大規模な正倉群と郡庁からなる官衙施設となったと理解している。国郡制の成立を国府と評・郡家の成立過程からみると、七世紀後半代に段階を経て成立・整備され、七世紀末から八世紀初頭頃が大きな画期であると評価でき、この頃に全国的に国府が成立した点を重視している。この国府の成立によって、律令国家による国郡制という領域区分に基づく地方支配のシステムが確立したと考えている。

出雲国の郡家

郡家の諸施設

奈良時代の出雲国は九郡からなっており、国府は意宇郡に所在し、発掘調査によって松江市大草町を中心に国庁や国司館《こくしかん》などの諸施設がみつかっていることは紹介した。『風土記』には、郡を構成する各郷が郡家からの方位と距離で説明されているように、郡家が地域支配の拠点となっていた（図13）。『風土記』に記載された郡家の内容は断片的であり、施設の詳しい様子は不明である。

郡家の姿を知る上では、『出雲国風土記』と並んで重要な史料が、『上野《こうずけ》国交替実録帳』（『実録帳』とも表記する）である。

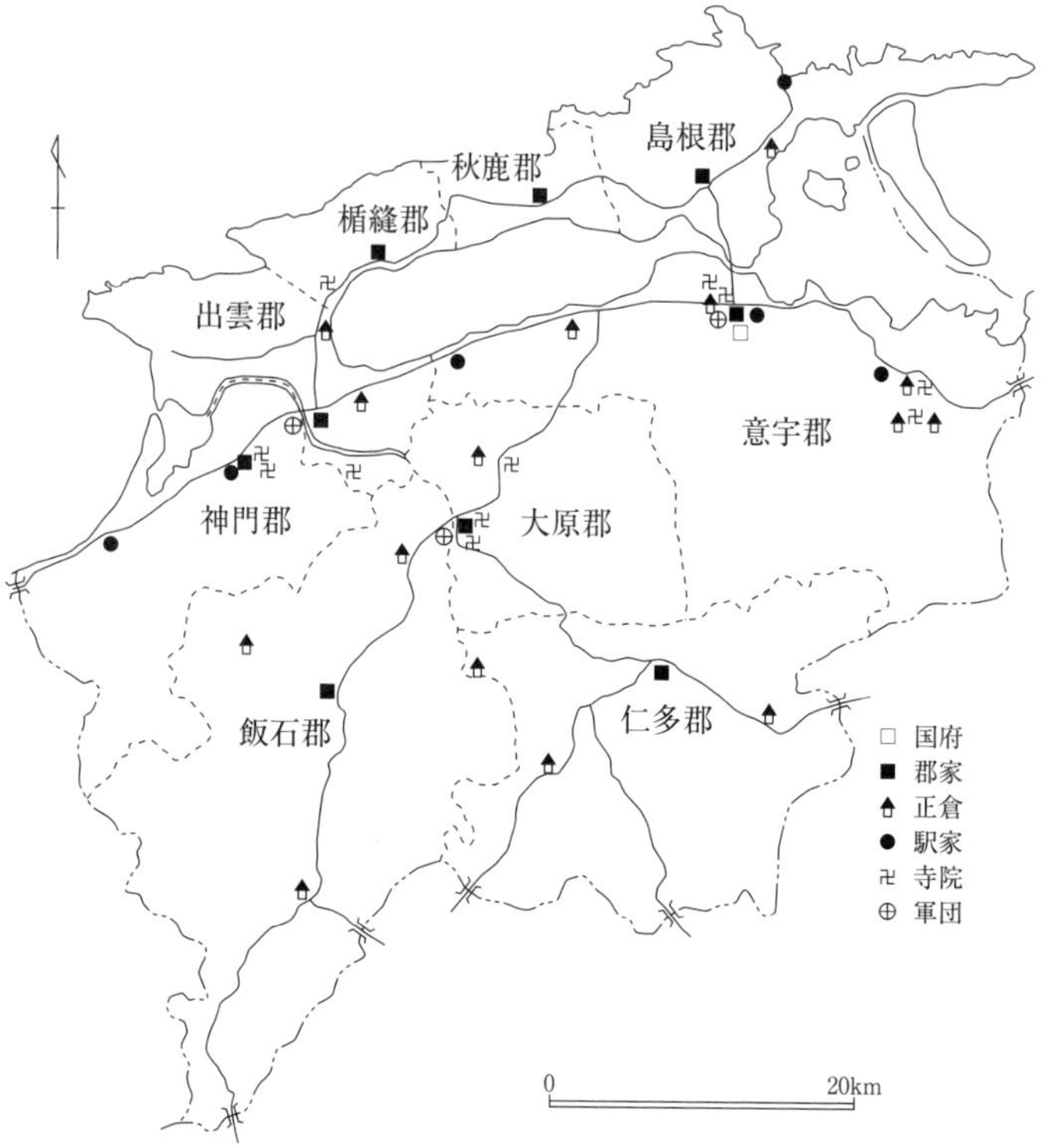

図13　『出雲国風土記』に記された官衙・寺院（加藤1957より作成）

『上野国交替実録帳』

『実録帳』は、長元三年（一〇三〇）に作成されたもので、上野国の国司の交替時に交わされた引継書の草案である。このなかに上野国内各郡の官舎の状況が記されている。主に正倉、郡庁、館、厨《くりや》から構成され、すでに無くなっている建物が記載されている。これによって郡家は、正倉・郡庁・館・厨から構成されていたことがわかる。近年、発掘調査によって、『実録帳』に記された佐位《さい》郡、新田《にった》郡、片岡《かたおか》郡、多胡《たご》郡で郡家とみられる遺跡が次々にみつかり、史料に記された建物との対応関係が明らかにされつつある。一方で、『実録帳』には郡家の位置は記されていないため、位置が不明な郡家も多い。

『出雲国風土記』では郡家の施設そのものについては記されておらず、どのような建物があったかについてはわからない。一方で『実録帳』と異なり、その位置は具体的に記されており、現地の場所が比定できるという強みがある。郡家は国内の交通の要衝地に配置され、国府と郡家、郡家間を網の目のように道路が張りめぐらされていたことを読み取ることができる。『出雲国風土記』と『上野国交替実録帳』の記載内容には違いもあるが、両者を扱うことによって、郡家の特徴や建物配置・構造を復元することが可能となる。

出雲国の郡家をみる前に、『実録帳』の記載と発掘調査によって明らかになった上野国の例をみておく。

上野国佐位郡正倉跡

佐位郡家は群馬県伊勢崎市に位置し、農民から税として集めた稲籾を収めた倉である正倉跡が多数みつかり、「上野国佐位郡正倉跡」として国指定史跡となっている。『実録帳』の佐位郡部分には正倉・郡庁・館の記載があり、正倉には一八棟が記されている。正倉は北・中・中南・南の四グループに分けられ、次いで行、並び名、倉壁構造の順に記載されている。こうした史料にあたる上野国佐位郡正倉跡で、倉庫群は建物の方位により大きく三群に分かれていた。これが『実録帳』記載の北、中、中南、南に対応することが推定され、建物がほぼ特定されつつある（図14）。

そのなかで象徴的な建物が「八面甲倉《はちめんこうそう》」と記された校倉《あぜくら》造りの八角形倉庫で、実際に発掘調査で八角形の高床倉庫がみつかっている。古代の郡家には威容を放つ多角形の特別な倉庫もあったのである。その他の建物跡もおおよそ『実録帳』記載の倉と対応しており、普通の村でみられない、大型の倉が建ち並んだ正倉の実態が明らかになっている。

上野国新田郡家跡

佐位郡では郡庁はみつかっていないが、新田郡では太田市による発掘調査によって、『実録帳』記載の正倉に加えて郡庁の全体像も明らかになっている。東山道駅路に面して一辺が五〇《メートル》にもおよぶ大型の掘立柱建物が方形

（佐位郡）

正倉

中南第二板倉壱宇　中三行第二甲倉壱宇　中南第一板倉壱□　中南行甲倉壱宇

中南二行甲倉壱宇　中南行第一八面甲倉壱□　中南三行第二丸木倉壱宇

中南三行東五倉壱宇　第北一行丸木□　南第一土倉壱宇　南第二土倉壱宇

第二土倉壱宇　南第四板倉壱宇　南第五法板倉壱宇　中南四行第一法土倉壱□

中南四行第六土倉壱宇　北第一板倉壱宇　北第三土倉壱宇

郡庁雑屋肆宇

庁屋壱宇　向屋壱宇　副屋壱宇　西屋壱宇

厨家

宿屋壱宇

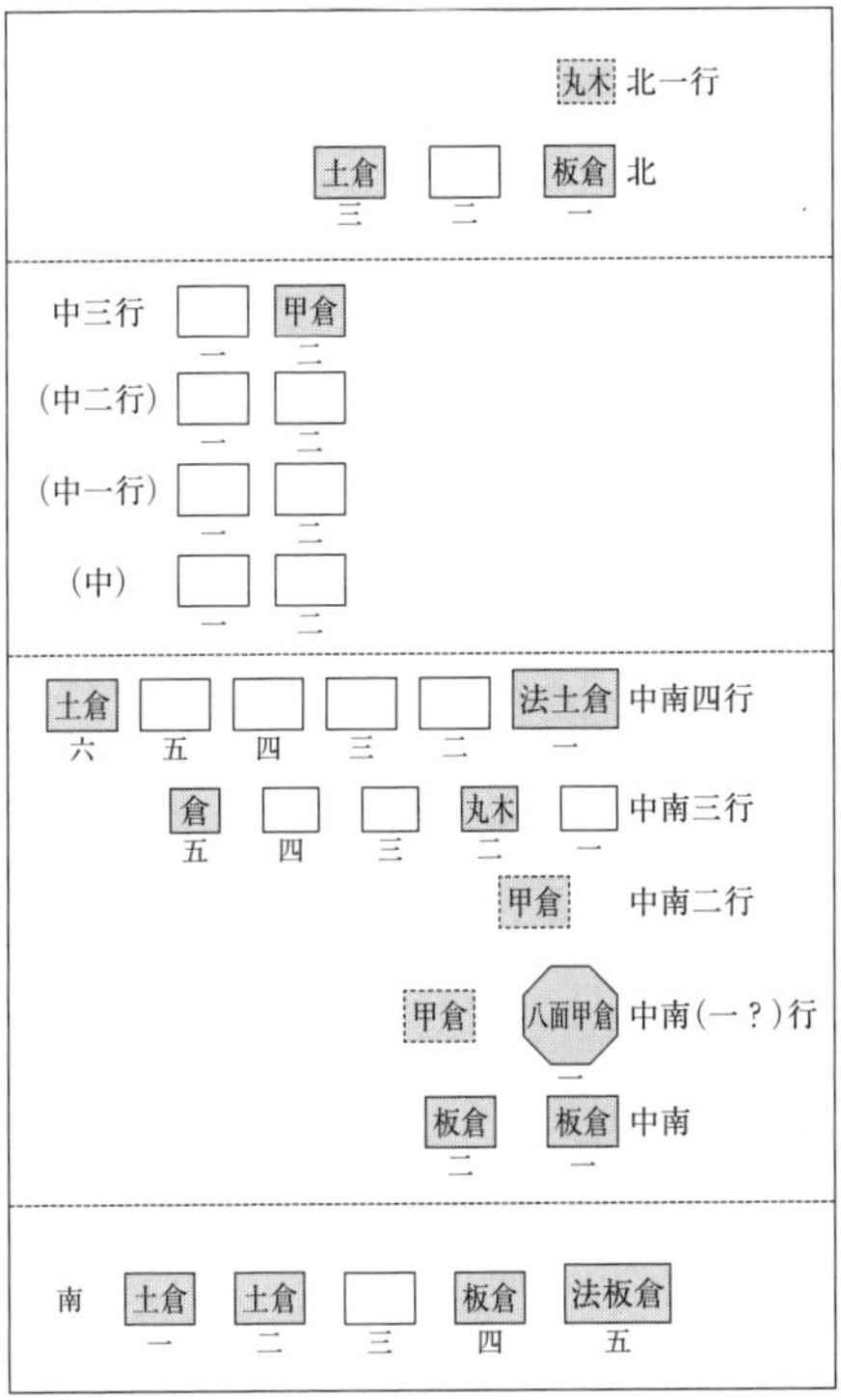

■『実録帳』記載「無実」建物
※不明１棟

図14　『上野国交替実録帳』佐位郡と正倉配置模式図（伊勢崎市教育委員会2013より作成）

に配置され、周囲に倉庫群が展開し、これらの建物が『実録帳』に記載された長舎や正倉と一致していることが明らかにされた。発掘調査例と史料の記述が合致し、「上野国新田郡家跡」として国指定史跡になっている。

佐位郡や新田郡などの郡家跡で、一〇〇〇年ほど前の『実録帳』に記された建物がみつかるたびに、ほぼ史料と一致することに驚いている。後ほどみていく、『出雲国風土記』に記された出雲郡、神門郡でも同じように郡庁や正倉の一部がみつかっており、その建物配置や構造を知る上でも上野国で史料と対応する郡庁や正倉の発掘調査事例は貴重である。

郡家は『実録帳』に記されるように、郡庁・正倉・館・厨を主要施設とし、その他に実務を分掌する施設もあった。先述のとおり、『実録帳』では建物は具体的に記されているが、国内のどこに設置されていたかについては不明となっている。一方で、『風土記』では建物の記載はない代わりに、設置された郷名や郡家から寺などへの里程、駅家《うまや》や軍団との関係などが記されており、律令国家が設置した意図が読み取れる場合もある。地方支配の拠点となった郡家を研究する上では、『出雲国風土記』と『上野国交替実録帳』が車の両輪のように活用されている。

図15　出雲国府の十字街（東から）

意宇郡家の設置

意宇郡家は『風土記』によれば国庁近くにあり、十字街《じゅうじのちまた》の南側に設置されていた（図15）。発掘調査で確認されていないが、天平五年（七三三）に意宇平野のなかにあった。全国的に評家は七世紀後半にさかのぼり、居宅と未分化なあり方が知られている状況を勘案すると、初期の意宇評家が当初から意宇平野の正西道《まにしのみち》（山陰道）沿いにあったとみていいのか疑問がある。

意宇平野周辺では古墳のあり方、旧黒田《くろだ》駅の位置や地形からみて、意宇平野の十字街付近ではなく西側の台地上に有力者の居宅などを想定できるからである。これまでに出雲国内で調査された郡家遺跡については、いずれも七世紀末頃を大きくさかのぼらない。また、正西道そのものが七世紀後半でも末頃から八世紀にかけて、『風土記』に記載されたような直線的な道路として整備されたように考えられている。最近の鳥取県内の発掘調査においても、鳥取市青谷上寺地《あおやかみじち》遺跡や青谷横木《あおやよこぎ》遺跡で八世紀以降に山陰道が大規模な直線道として整備されている実態が明らかにされつつある。

出雲国内の官衙整備

意宇郡家をはじめとして大原郡家と黒田駅を除く官衙については、『風土記』に移転記事がないが、大原郡家と黒田駅の移転記事は地名由来を示すためと理解することができる。したがって、天平五年までに黒田駅と大原郡家だけで官衙の移転がなされたと理解する必要はないだろう。他の官衙については、『風土記』に移転記事がないが、出雲国において大原郡家と黒田駅の移転だけがあったとみる必要はなく、天平五年以前に出雲国内全体の官衙再編・整備が、同じ頃にあったと考えられる。つまり、『風土記』に記載された黒田駅と大原郡家の移転については、この二ヵ所に限定してみるだけでなく、国内全体の官衙再編・整備と理解する必要があり、意宇郡家（評家）についても天平五年時点において『風土記』に記載された位置からみて評制施行期に移転された可能性が高い。『風土記』に記載された官衙施設については国府設置の七世紀末以降に実施された、移転を含めた大規模な官衙施設再編後の姿とみるべきであろう。

したがって、七世紀後半にさかのぼる初期の意宇評家は『風土記』記載の意宇平野中ではなく、旧黒田駅と同じ台地上に設けられていた可能性があるだろう。『風土記』には意宇郡家の移転記事はないが、黒田駅と同じく国府設置を契機として意宇郡家も正西道沿いに移転し整備されたと想定している。

『常陸国風土記』と茨城郡家

出雲国における地方官衙の成立や移転記事を考える上で、『常陸国風土記』に載る鹿島《かしま》郡家、茨城郡家、河内《かわち》駅の移転記事は参考になる。

移転前の鹿島郡家（評家）については実態が明らかになっていないが、移転後の鹿島郡家である神野向《かのむかい》遺跡は八世紀初頭頃からはじまる。この頃、常陸国府は成立しているのである。

茨城郡家は『常陸国風土記』によれば、もとの茨城郡家は現在地ではなく北側の那賀《なか》郡内に設けられ、後に信筑川《しづくがわ》（今の恋瀬川《こいせがわ》）の西南（左岸）に移転したと記されており、郡境が変わっていると理解できる。旧の茨城郡家の位置はわかっていないが、移転後の茨城郡家とされる外城《とじょう》遺跡は常陸国府から一・二キロ離れて位置している。茨城郡家は七世紀後半に創建された茨城廃寺に隣接しており、寺の創建と同じ頃に移転した可能性がある。常陸国においても鹿島郡家（神野向遺跡）、茨城郡家の移転時期や位置からみて、七世紀末頃の国府設置にともない、それを契機として常陸国内においても官衙の移転を含めた整備が進められたものとみられる。

黒田駅の移転

意宇郡条「黒田駅。郡家と同所にある。郡家の西北二里（一・一キロ）に、黒田村がある。土地の色が黒い。だから、黒田という。もとはここにこの駅があった。そこで名づけて黒田駅という。今は東に移されて郡家に付属している。今なおもとのまま黒田の名で呼んでいるのである」

黒田駅はもと郡家の西北一・一キロの黒田村にあり、土の色が黒いことが村の名前の由来であった。後に黒田駅は東に移転し、意宇郡家と同じ位置になったが、駅の名前はそのまま黒田駅としたと『風土記』に記載された。もとの黒田駅の推定地は松江市大庭町字黒田畦、下黒田とみられている。

『風土記』記載の「黒田駅今郡家属東」については、写本によって違いが認められ、ここでは「今は郡家の東に属けり」（「今郡家属東」・万葉緯本）ではなく、もっとも古い細川家本の「今は東、郡に属けり」（「今東属郡」）を採る。

黒田駅は『出雲国風土記』によれば、山陰道と隠岐《おき》道の十字街付近に移転し、出雲国庁、意宇郡家、意宇軍団と近接していた。移転前にあった黒田駅の移転理由としては、国庁北側の十字街付近という隠岐国に向かう駅路に便がよい位置に移転した点から、駅路の再編・整備と密接に関わったとみられる。黒田駅の移転時期については明らかになっていないが、関和彦は出雲国造の本拠と少し離れた東の意宇川の自然堤防上に移された案を評価し、駅制と関わる神亀四年（七二七）編戸によったとし、出雲国造の本拠隣接地から律令制の確立、国司支配にともなう出雲国庁の造営整備の過程で、枉北道《きたにまがれるみち》も考慮して移転が行われたと考える。国庁との関わりを考える視点は重要である。

黒田駅の移転時期を考える上で、意宇平野における寺院の位置も参考になる。移転前の旧黒田駅から隠岐に向かう古い枉北道は、意宇郡山代郷北新造院《やましろごうきたしんぞういん》（来美廃寺《くるみはいじ》）近くを通っていたと想定されている。『出雲国風土記』成立時（七三三年）には枉北道から離れた位置に来美廃寺はあったが、白鳳期の寺院の多くが道路などからの景観を重視して設置されるのは一般的なあり方で、来美廃寺も七世紀末頃に創建された時点では古い枉北道近くにあったと考えられる。一方で、国府のすぐ北側に設けられた意宇郡山代郷南新造院（四王《しわ》寺《じ》跡）は、正西道からの景観を意識して建立されたとみられている。山代郷南新造院は出雲国の最有力氏族である飯石《いいし》郡少領の出雲臣弟山《いずものおみおとやま》によって、七二〇年頃に創建された寺院である。

黒田駅の移転は国府や駅路（山陰道・隠岐道）の設置・整備などと関わる政策の一貫とみるべきであろう。その移転時期について、出雲国府の成立や駅路の整備が七世紀末頃にある点から、この頃に大原郡家の移転などもあわせて行われたものであろう。

国府設置とともに同じ頃に正西道も大規模で直線的な駅路として整備され、あわせて出雲国内の郡家や駅家も移転などが行われたと考えられる。出雲国の地方支配を進める上で、国府設置とそれにともなう官衙施設の移転は必要とされたのである。

『出雲国風土記』にみる官衙遺跡群

「国庁・意宇郡家の北の十字街」「黒田駅。郡家と同所にある」「意宇軍団、郡家に属する」

『風土記』によれば、出雲国庁の十字街付近には意宇郡家・黒田駅・意宇軍団の建物群が軒を並べていた。国庁と意宇郡家は山陰道と枉北道の十字街の南側にあり、駅や軍団といった複数の官衙施設が隣接して設置されていた。

また、『風土記』巻末条に「狭結《さよう》駅。郡家と同所にある」と記載されており、国庁の十字街付近のほかに、ここから西に進んだ正西道沿いの神門郡においても狭結駅が神門郡家と接した水陸交通の要所に設置され、郡家と駅家が交通の要所の一ヵ所にまとまっている例が知られている。

地方支配を行うにあたって、交通の要衝地に役所や軍事施設を配置するのは、いつの時代においても普遍的にみられるあり方であろう。

十字街は官庁街

出雲国府における十字街という交通の要衝に官衙が置かれた『出雲国風土記』の記載を参考にして、他の国でも駅路を幹線とする官道網が基準線としての役割を果し、国府のところが十字街となり、原則としてそこに駅が設置されていたと考えられている。

『風土記』には、出雲国の山陰道である正西道は、国庁・意宇郡家の北の「十字街」にいたるとあり、道は正西道（山陰道）と枉北道の二つに分かれて進むとある。正西道は十字街から西に進み、「玉作街《たまつくりのちまた》」で正西道と正南道の二つに分かれ、正南道は「大原郡家」のところでさらに南西道と東南道に分かれ、南西道は備後国《びんご》三次郡《みよし》に向かう。一方、東南道は「仁多郡家《にた》」で分かれて、伯耆国《ほうき》、備後国へと進むとある。

正西道や郡家間をつなぐ通路について詳しくは後述するが、ここでは道路と官衙との関係をみておく。

『風土記』によれば、国府や郡家は正西道と枉北道が十字街をなす地点や、駅路と郡家間をつなぐ道路が結節するところに設置されていると記されている。あわせて、陸路の正西道や郡家間の道だけでなく、河川を利用した水上交通も古代においては重要な役割を果たしていた。出雲国府・意宇郡家は意宇川、出雲郡家や大原郡家は斐伊川《ひいかわ》、神門郡家は神門川沿いに設置されている。

玉作街　巻末記条「正西道は、十字街より西に一十二里（六・四キロ）で野代《のしろ》橋に至る。橋の長さは六丈、広さは一丈五尺ある。また西に七里（三・七キロ）で、玉作街に至る。ここで分かれて二つの道となる（一つは正西道、一つは正南道である。）」

正西道は、出雲国庁の北十字街から西にさらに進むと一九里（一〇・一キロ）で、出雲南に向かう正南道とT字路となっている。『風土記』に、意宇郡拝志《はやし》郷は意宇郡家の正西二一里二一〇歩（一一・六キロ）の所にあって、郷内に正倉があると記載されている。正倉の詳しい位置までは記されていないが、正西道がT字路となる玉作街（松江市玉湯町）からさほど離れない場所に置かれていたのであろう。

また、玉作街から少し離れて忌部神戸《いんべかんべ》があり、ここは出雲国造が神賀詞《かむよごと》を奏上する際に清浄な玉をつくるところとされている。また、「ここの川のほとりに温泉が湧いている。

温泉のある場所は、海でもあり陸でもある。それで男も女も老人も子供も、あるいは道路を行き交い、あるいは海中を浜辺に沿って行き、毎日集まり市がたったようなにぎわいで、入り乱れて宴をして楽しむ。一度温泉を浴びればたちまち姿も麗しくなり、再び浴びればどんな病気もすべて治る。昔から今にいたるまで、効き目がないということがない。だから、土地の人は神の湯と言っている」とあり、そのにぎわいが知られる。

松江市玉湯町は玉造温泉だけでなく、近くの花仙山《かせんざん》から碧玉《へきぎょく》（出雲石）や水晶が産出し、大規模な玉作り遺跡が数多くあることでも知られており、奈良時代に蛇喰《じゃばみ》遺跡・岩屋《いわや》遺跡で玉作りは行われていた。後述するように、出雲郡美談《みたみ》郷に置かれた正倉付近でみつかっている、青木遺跡でも神社跡のほかに、さまざまな手工業生産が行われていたことが明らかにされている。

枉北道と島根郡家

出雲国庁の北十字街から延びる枉北道は、島根郡家で隠岐にわたる千酌《ちくみ》駅に向かう道と、入海（今の宍道湖《しんじこ》）北岸を西に進む道とに分岐している。島根郡家は芝原《しばはら》遺跡（松江市福原町）付近にあったとみる説があり、周辺に火葬墓などの遺跡群が展開する。ここから出土した墨書《ぼくしょ》土器に、『風土記』に島根郡司としてもみえる出雲臣に関連する「出雲」「出雲家」のほか、軍団の指揮官を示す「校尉」

や「殿」などがある。

平石充によれば、『風土記』では意宇・神門・熊谷の三軍団が確認されるが、このほかに、天平五年十月の「出雲国計会帳」に兵士歴名四巻・兵士点替簿四巻がみえ、節度使《せつどし》解文の記載からも出雲国内に四団が短期間設置されており、その候補として芝原遺跡が想定されるという。島根郡家付近には、『風土記』には記載されなかった軍団も置かれていた可能性が高い。こうした交通の要衝地に軍事施設も置かれていた。

さらに、『風土記』には、枉北道は「出雲郡家の東のほとりで、正西道に入る」と記載されている。枉北道は、出雲国庁の北十字街から北に進み、島根郡家から分かれて西に進み、入海（宍道湖）北岸をまわって南下し、正西道と出雲郡家付近でT字路となっていた。出雲郡家の後谷遺跡・小野《おの》遺跡の創設年代は、出土する土器や瓦からみると出雲国府創設期の七世紀末頃であり、ここに郡家が設置されたのは山陰道や枉北道の整備とも深く関わるのであろう。

官衙遺跡群と交通施設

神門郡条「古志郷。郡家に属する」「狭結駅。郡家と同所にある」『風土記』には、神門郡家は古志郷にあり、同じところに狭結駅もあったと記されている。神門郡家は、出雲平野の南西端にあたる出雲市古志本郷遺跡である。神門川の拡幅工事のために行われた発掘調査によって、郡庁がみつかっており、建物の向きから二期に大別することができる。

郡庁Ⅰ期の建物は大きく斜めに傾いた振れをもち、長さ二〇㍍以上の建物がL字形に配置されており、長い建物をロの字形に配置した約五〇㍍四方の区画の一角にあたる。こうした建物の方位は石見《いわみ》に続く山陰道（正西道）に沿っているためである。その後、Ⅱ期には真北に建物の方位が変わる。先に紹介したように、出雲国庁でも斜めに向いた建物が後に東西南北を意識して正方位になることと軌を一にしたものであろう。郡庁周辺には数多くの掘立柱建物群がみつかっており、正倉や館、厨などの建物であった。

出雲国の場合、『風土記』記載から、国庁・郡家・駅家・軍団が一ヵ所にまとまって官衙群となっていた。各地の発掘調査によって、そうした官衙群の実態が明らかになってきている。出雲国外の様子もみておく。

各地の官衙遺跡群

栃木県長者《ちょうじゃ》ケ《が》平《たいら》官衙遺跡（那須烏山市）は、下野《しもつけ》国芳賀《はが》郡北部にあり駅路の東山道と郡家間を結ぶ道路が交差する付近でみつかった官衙遺跡である。実際に、東山道と郡家間をつなぐ道路が交差する地点が発掘調査され、十字路となっていることが判明している。七世紀末から八世紀初め頃に新設され、九世紀代までは機能した。政庁と正倉が整然と配置されて官衙域は広く、南北二二〇メートル、東西三一〇メートル以上あり、さらに北側の張り出した台地、南北約一五〇メートル、東西約一〇〇メートルを加える。芳賀郡では中央部で郡家の堂法田《どうほうだ》遺跡、南部で正倉別院の中村遺跡がみつかっており、北部の長者ケ平遺跡は郡家の別院（支所）である。近くに新田駅が推定されており、十字街という交通の要所に置かれた複合的な官衙施設である。

茨城県東平《ひがしたいら》遺跡（笠間市）は、常陸国府所在郡の茨城郡北部にあり、国府から那賀郡家（台渡里《だいわたり》遺跡群）にいたる東海道沿いに位置する。茨城郡家はまだみつかっていないが、常陸国府南東方約一・五キロの外城遺跡が有力視され、東平遺跡とは一二キロほど離れており、東平遺跡は那賀郡家正倉（支所）で、礎石建物や炭化米が出土している。『出雲国風土記』にみられるような、郡家とは別の場所に置かれた正倉である。安侯《あこ》駅家が置かれた付近で、すぐ北側を流れる涸沼川《ひぬまがわ》を通じて太平洋に接続できる、水陸交通の拠点である。付近の遺跡の竪穴住居跡から「騎兵長」と記された墨書土器が出土し、周辺に軍事的な駐屯施設も想定されている。東平遺跡は水陸交通の要所に位置し、駅家の周辺に正倉別院や軍団の駐屯施設を設けた、複合的な官衙施設と推定されている。『風土記』にみられる島根郡家付近と似る。

静岡県伊場《いば》遺跡（浜松市）は、出土した木簡から七世紀代にさかのぼり、「布知厨」「郡鎰取」「栗原駅長」などの墨書土器から、遠江《とおとうみ》国敷智《ふち》郡家と駅家が併設されていた可能性が高い。

交通の要衝地としての十字街

地方官衙遺跡で、認識が難しい施設は駅家である。山陽道の駅家については、中央政府の政策によって丹塗《にぬ》りで立派な施設として瓦葺き建物が建設されたために、瓦が出土する遺跡のなかで研究が進められ特定されている例があるが、他ではよくわかっていない。その一方で、『風土記』に記されたように、交通の要衝地において駅家が郡家や軍団関連施設などと一体となって官衙施設群を構成していた実態が、各地の調査によって明らかにされつつある。こうしたあり方は、『出雲国風土記』に記された、出雲国庁の北十字街付近の官衙群、神門郡家と狭結駅が同所にあるという点と共通しており、交通の要衝地に複数の官衙施設を設置するという普遍的なあり方を示すのであろう。

出雲国庁の北にあたる十字街付近について、八雲《やくも》立つ風土記の丘展示学習館の模型では、意宇郡家の位置を南の一角とし、それに隣接して山陰道北側に意宇軍団、北東角に黒田駅を置いている。将来、発掘調査によって、その実態が明らかになることを願っている。

出雲国内の郡家と正倉

『風土記』の記載には、郡家だけの郡（秋鹿郡、楯縫郡、神門郡）と、郡家とは別の地点に正倉（倉庫群）も記された郡（意宇郡、島根郡、出雲郡、飯石郡、仁多郡、大原郡）がある。これは、郡の行政機能の中心となっている郡家のほかに、農民から集めた租税の稲穀を主に収納した倉庫である正倉を郡内各所に置いたことを示している。郡家とは別に置かれた施設で、正倉別院とも呼ばれている。

『風土記』で知られるような郡家と正倉別院の例は、全国各地でみつかっている。発掘調査で明らかになった正倉別院の実態は、倉庫としてだけでなく多様な機能をもつ官衙施設の一部でもあることがわかっている。要するに、郡の行政は郡家一ヵ所で集中的に機能していたのではなく、郡内に複数の官衙施設を配置して郡内支配を行っていたのである。今も、市役所は本庁一ヵ所だけでなく、支所が市内に置かれてさまざまな行政の仕事が行われているように、古代においても郡のなかに複数の支所が設置されていた。

郡家と正倉

郡内の分割統治

近年の発掘調査成果を踏まえると、『風土記』に記載された郡家と別に設置された正倉にも、税物収納の便を図る機能だけではなく、郡内の分割統治としての側面も考慮する必要がある。

意宇郡では、郡家のほかに郡内各所の五ヵ所に正倉は設置されていた。意宇郡山代郷に置かれた正倉は郡家から西北三里一二〇歩（一・八キロ）、出雲郡では漆治《しつぢ》郷に置かれた正倉は正東五里二七〇歩（三・二キロ）と間に山河のような地理的障害がないにもかかわらず、近接している点が注目できる。意宇郡の場合は、国府に近接しているという特殊な事情から郡家に正倉をつけず、高燥な地である山代郷の台地上に設置されたとみられる。山代郷

図16　山代郷正倉跡

に置かれた正倉は団原《だんばら》遺跡・下黒田遺跡でみつかり、史跡公園として整備されている（図16）。

出雲郡の正倉

ここでは、出雲郡をとりあげて郡家と正倉について考えてみよう。『風土記』出雲郡条に「出雲郷。即ち郡家に属けり」と記載され、出雲郡家は出雲郷（出雲市斐川町）に置かれていたが、ここに正倉の記載はない。一方で、八郷のうち漆治郷と美談郷の二郷に「正倉あり」と記されている。漆治郷は今の斐川町直江町付近、美談郷は出雲市平田町美談付近である。出雲郷に設置された出雲郡家とは別に、正倉が置かれていたことがわかるが、一方で郡家本体に正倉があったかどうかは、『風土記』の記載からはわからなかった。

『風土記』に記載された出雲郡家について、出雲市斐川町後谷遺跡の調査成果をみていく。仏経山《ぶつきようざん》西麓の出雲市斐川町出西に位置する。掘立柱式や礎石建ちの倉庫群が、おおよそ東西一五〇㍍、南北一二〇㍍の範囲に展開し、炭化米も出土する点から出雲郡家の正倉である。建物群は二期に分かれ、八世紀前半から九世紀前半にかけて機能していた。

先述のように、『風土記』によれば出雲郡家には「出雲郷。即ち郡家に属けり」とあるだけで、出雲郷に正倉の記載はないが、発掘調査によって正倉が併設されていたことが明らかになった。郡家には正倉がおかれているのが自明であったため、郡家の置かれた出雲郷に「正倉あり」と記述されなかったのであろう。後谷遺跡の成果から、秋鹿郡・楯縫郡・神門郡で「郡家に属けり」とある郷に「正倉あり」の記載がないことも、郡家に正倉が付属することが一般的であることを示している。『風土記』の記載と後谷遺跡の発掘調査成果から、八世紀前半の出雲郡では正倉が郡家と漆治郷と美談郷の三ヵ所に設けられていた。

出雲郡で明らかなように、郡内には複数の正倉のような官衙施設が配置されていた。郡家とは別に正倉が配置された理由については、多くの正倉が郡家から数㌔以上離れて位置する点から、「百姓の「納貢」の労」を考慮して、周辺の郷の租税を収納するために郡内に分散して正倉が設置されたと考えられる。また、距離・地形上の阻害要因のほかに、郡内各地に存在していた諸豪族の勢力関係とも関わるともみられている。

出雲郡家の法倉

後谷遺跡の正倉のなかで、全国的にみても特殊な地下構造をもつ礎石建物（SB05）もみつかっている。礎石間に石を敷き詰めた堅牢な床下構造をもっており、稲穀を収納した正倉で、飢饉などの際に稲穀を供出した、「法倉《ほうそう》」と呼ばれた、天皇の徳を示す特別な高床倉庫であった可能性がある。

法倉について、少し説明しておく。主に稲穀を納めた正倉には、「凡倉《ぼんそう》」と「法倉」の二種があった。「凡倉」は、一般的な穀倉であり、各郡に設置された正倉に数多く建設された倉のことである。その一方、「法倉」は各郡の正倉のなかで、一棟もしくは複数棟建設された特別な倉で、史料（正税帳《しょうぜいちょう》）の記載から一般的な「凡倉」よりも大型であったことがわかる。

法倉に収められた稲穀は、天平九年（七三七）度和泉監《いずみのげん》正税帳日根《ひね》郡に記されているように、高年者や貧民・難民を救済するために使われており、これは天皇制イデオロギーに関わる恩勅を示すものであった。

図17　那須官衙遺跡の瓦葺き高床倉庫（法倉）復元模型（那珂川町なす風土記の丘資料館所蔵）

図18　後谷遺跡の大型礎石建物跡（出雲市提供）

東国の陸奥国・下野国・常陸国では建物を丹塗りし、瓦葺きとする特別な高床倉庫がみつかっており、これが法倉とみられている。そのなかでも、栃木県那須《なす》官衙遺跡（下野国那須郡家）で調査された瓦葺きの倉庫は大型で、桁行二七㍍、梁行九㍍もあった。柱を丹塗りした高床倉庫で、その前面には幅九㍍ほどの東山道が通っており、道路を通る人々にとっては国家の威信を感じさせるものであったろう。現在、この遺跡は国史跡となり建物跡は整備され、近くの資料館には模型が展示されている（図17）。後谷遺跡でみつかった大型の礎石建物も丹塗りされていたかもしれない（図18）。

出雲郡家と青木遺跡

出雲郡のなかで美談郷に「正倉あり」と記され、出雲市平田町美談付近でみつかっているのが、青木遺跡である。出雲郡北部の宍道湖北岸にあり、出雲国府から宍道湖北岸の各郡家を結んで出雲郡家（後谷遺跡）に向かう経路上の水上と陸上交通の要衝地に位置する。奈良時代の礎石建物や掘立柱建物から構成され、その一つに石を貼った基壇上に神社遺構と推定される総柱式の九本柱建物があり、石敷の井泉跡もみつかり、木製神像も出土するなど神祇祭祀との関わりが深い。宗教施設としては北側の大寺薬師《おおてらやくし》に平安時代の仏像群も伝世し、宍道湖対岸にあたる出雲臣弟山が建てた意宇郡山代郷南新造院（四王寺跡）と同笵の軒丸瓦が出土しており、近くには瓦葺きの古代寺院もあった。

青木遺跡からは出雲郡の伊努《いぬ》郷や美談郷を示す「伊」「美」を記した付札木簡や、墨書土器などの文字資料が多量に出土し、周辺の複数郷との関わりが深い。そのなかに公文書的性格を示す「売田券」木簡もあり、出土遺物から漆工・金工・紡織・木工などの手工業生産が集約的に行われていたことがわかる。前代の古墳時代では、周辺の中村一号墳などに独自の地域色があり、この地域が出雲国のなかで特殊な位置を占めていたことが推定されており、律令期につながる有力者層の存在や美談郷の正倉設置を考える上で見逃せない。

青木遺跡については、「若倭部臣《わかやまとべのおみ》」と記された木簡などから、若倭部臣の居宅に関わる施設とみる意見や宍道湖南側にある出雲郡家から離れた、伊努郷・美談郷など北側地域に位置する郡家の出先機関（支所）の可能性が指摘されている。先に紹介したように、『風土記』には出雲郷の郡家とは別に美談郷に正倉が置かれたと記載されており、青木遺跡はその美談郷や伊努郷にあたっており、美談郷の正倉と一体に機能し、税物を収納するだけでなく実務的な機能や手工業生産にも関わった可能性がある。一方で、郡家施設の建設や維持管理にあたったのは、在地の有力者から選任された郡司らであり、郡家の支所付近に居宅があってもよいだろう。

各地の正倉遺跡は、発掘調査によって倉庫群だけでなく多様な機能を複合した官衙遺跡群の一部である点が明らかになっている。例えば、茨城県東平遺跡は、調査によって常陸国茨城郡の正倉、安侯駅家、軍事的な機能からなる複合的な官衙とみられている。郡家や別置された正倉は、交通の要所に設置され税物の運搬の便を図ったとみられるが、倉としての機能だけでなく実務的な施設などの多様な機能をもち、郡内の分割統治としての側面も考慮する必要があるだろう。

青木遺跡で注目される点は、付札木簡から周辺の複数郷との関わりが強い一方で、出雲郡全域の地域（郷）との関わりが希薄な点である。木簡にみられるような郡全体との関わりを示さないあり方は、他の地域でも認められる。下野国河内郡家の上神主《かみこうぬし》・茂原《もばら》官衙遺跡では、正倉の屋根に葺かれた人名文字瓦について、郡域全体からではなく官衙周辺の河内郡南部の人名が中心となっており、造瓦にあたって戸主層の負担が示されており、官衙造営に際して郡全域の負担によらず、青木遺跡の木簡と共通する点がある。

青木遺跡は、神社遺構としてだけではなく、古代の有力者層との関わりや郡家とは別に置かれた正倉や文所のあり方を考える上で重要である。

動く郡家

大原郡家はどこか

大原郡条「大原と名づけるわけは、郡家の東北一十里一百一十六歩（五・六キロ）の所の田一十町ばかりの平原がある。だから、名づけて大原という。昔はここに郡家があった。今もなおもとのまま大原と呼んでいる（今郡家があるところは、名を斐伊《ひい》村という。）」

大原郡は、今の雲南市大東町、加茂町と、木次町の一部にあたる。『風土記』には、大原郡家は現在（天平五年〈七三三〉時点）の斐伊村に、昔に大原の地から移転してきたために郡名は大原郡となっていると記されている。郡家が明確に移転したという史料は、『出雲国風土記』の大原郡と『常陸国風土記』の茨城郡、鹿島郡の三つしかない。そのた

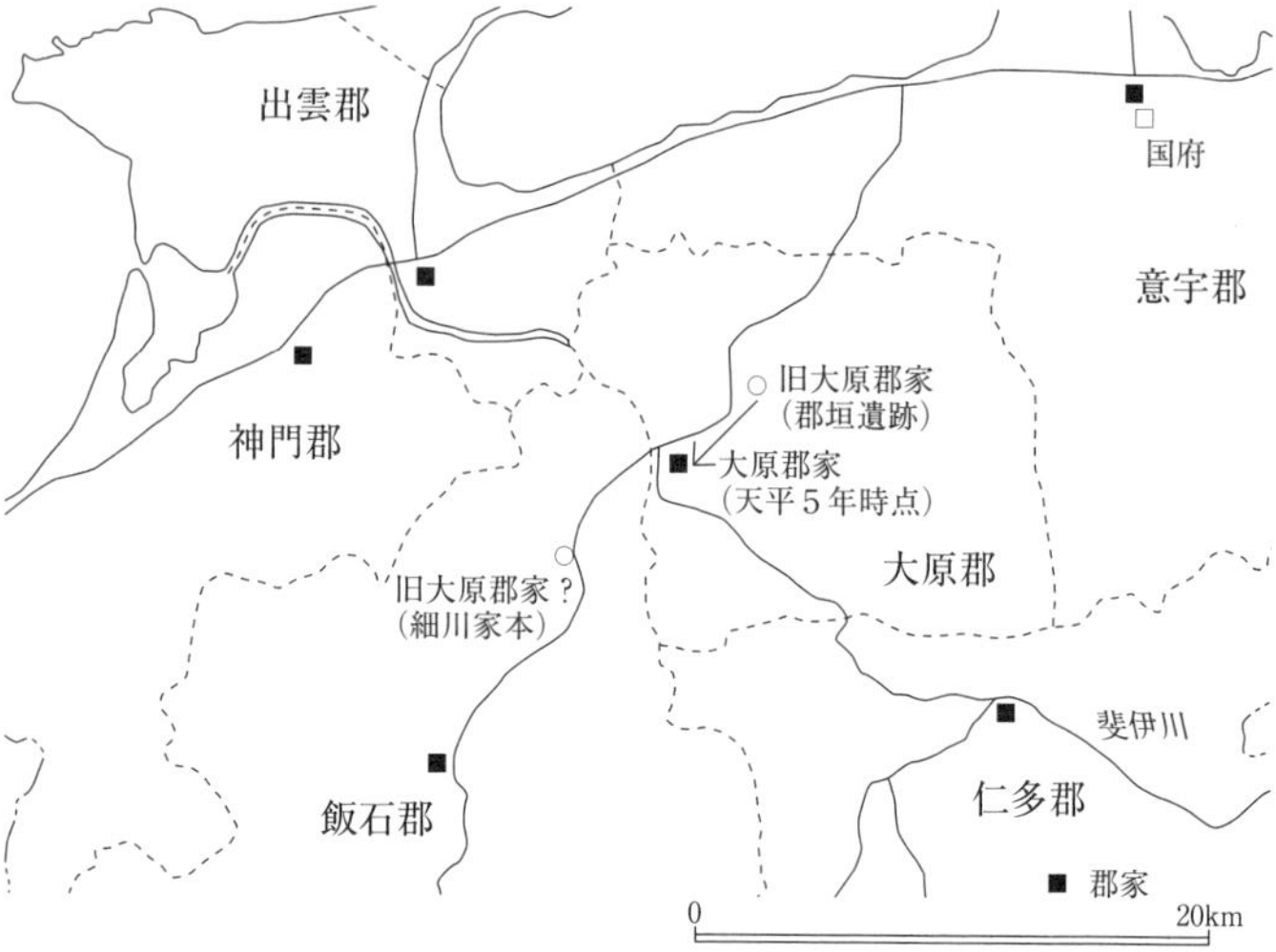

図19　大原郡家所在地の諸説

め大原郡家の移転は、古代における地方行政のあり方を明らかにする上で注目されてきた。

移転前の大原郡家の所在地をめぐっては長い論争の歴史があり、まだ決着をみていない（図19）。その候補地の一つである、雲南市大東町には別々の場所に地元の有志によって「大原郡家」の石碑が二つ建てられている。出雲国庁の石碑が二ヵ所に建っているように、大原郡家の所在地も混迷を深め、推定地は数多くあり、そのうちの二ヵ所に石碑は建っている。一つは大東町仁和寺字郡垣、もう一つは大東町前原字土居《どい》にある。

図20　大原郡家址の二つの石碑（左：郡家地区・右：前原地区，雲南市教育委員会提供）

郡垣遺跡の調査

雲南市教育委員会による郡垣遺跡の発掘調査で、大原郡家の郡庁とみられる建物群が大東町仁和寺字郡垣で確認された。筆者も調査に加わり、「大原郡家址」という碑の横で大型建物の柱穴を掘っていたが、よくここに石碑を建てたものだと感心した。この場所の地名が「郡家《こおりや》」という点から建てられていた。現地に立つと、後ろに丘陵を控えたなかでもっとも広く平坦面がとれる場所であり、郡庁が建つのに相応しい場所であることがわかる。もう一つの石碑はそこから四〇〇メートルほど離れた、大東町前原に「初期大原郡家跡」と刻まれて建っている（図20）。郡家は広い範囲に諸施設が広がっていたので、この付近も大原郡家の一部に含まれても問題はない場所に建っていたことになる。

発掘調査の結果、旧大原郡家が雲南市大東町仁和寺の郡垣遺跡だった可能性は高まっている。年代を示す土器などの遺物が出土していないために確定したわけではないが、移転前の大原郡家とみてよいだろう。これまで多くの研究者が論じてきた大原郡家をめぐる問題をみていくことにする。

大原郡家移転　『風土記』によれば、かつて移転前の郡家（旧大原郡家）は、現在（天平五年）の郡家の「東北一十里一百一十六歩」（五・六キロ）の大原の地にあったために、郡名は大原郡となっている。

天平五年時点、『風土記』に記載された大原郡家の位置は、斐伊郷（今の雲南市木次町里《さと》方《かた》）とする点で諸説は一致する。その一方、移転前の大原郡家については、大原郡家が置かれた斐伊郷からの里程の記載をめぐって議論が続いている。

それは、『風土記』大原郡条の部分をみると、すべての写本の方位が「東北」ではなく、「正西」となっているからである。これはどうしてかというと、天平五年時点で大原郡家が斐伊郷にあり、すぐ西側には斐伊川が流れており、「正西」とすると、斐伊川まで五七歩（約一〇〇メートル）の地点にあり、その対岸は大原郡でなく飯石郡になってしまうためである。そのために、『風土記』記載の「正西」については、方位が間違っており誤写されたと考えるのである。「東北」の誤写とすると、郡家から大原郡屋裏郷《やうち》までの距離も「一十里一百一十六歩」（五・六キロ）と一致する。また、『風土記』によると、大原の地名の由来として田が一〇町あって広い平原となっているという記載があり、西方には広い平原がないことからも誤写に有利とされる。

しかし、すべての写本が「正西」と記載しており、「誤写」とする根拠も確実ではないために、方位を写本通りに「正西」とみる説と、「東北」や「正北」に校訂した上で立論する説に分かれて議論が続いてきた。具体的な旧大原郡家の位置は、写本通りに正西とした上で飯石郡との郡境が変更されたとみる説、評域が後に分割されたとみる説、写本の方位を「東北」と校訂した屋裏郷説、「正北」とする屋代《やしろ》郷説などが出されている。

このように、『風土記』に記載された大原郡家の移転をめぐって、多くの説がだされ、いずれが正しいかは、『風土記』の記載だけからは解決できない状況にあった。旧大原郡家の位置を「郡家東北一十里一百一十六歩」、「郡家正北一十里一百一十六歩」と『風土記』記載を校訂して屋裏郷あるいは屋代郷とする説についても、すべての『風土記』写本の方位が「正西」となっている点で大きな問題があるためであった。旧大原郡家の位置を解明するには、『風土記』そのものの研究では限界があった。

郡垣遺跡の大型建物

先に紹介したように、旧大原郡家の候補地の一つである、雲南市郡垣遺跡において、古代の大型建物群がみつかっている。全長二〇メートル《メートル》を超える長い掘立柱建物や礎石建物が確認され、その建物配置や構造、規模から役所と考えられる。

郡垣遺跡は、天平五年時点で大原郡家があった斐伊郷（雲南市木次町里方）から、東北におおよそ五キロ《キロ》の距離にあたり、「東北一十里一百一十六歩」（五・六キロ《キロ》）の大原の地とみてもよい場所である。

建物群は二期あり、当初は東側と北側、南側の三方にコの字形に建物を配置し、その西辺に板塀を設けている（図21）。建物群は方形で四五メートル《メートル》（一五〇尺）の規模となり、規格性はきわめて高いが、建物の向きは大きく東に傾く。郡垣遺跡から古代の遺物が出土していないために、創設年代は明確でないが、官衙遺跡の年代や変遷を考える上では方位も手がかりになる。

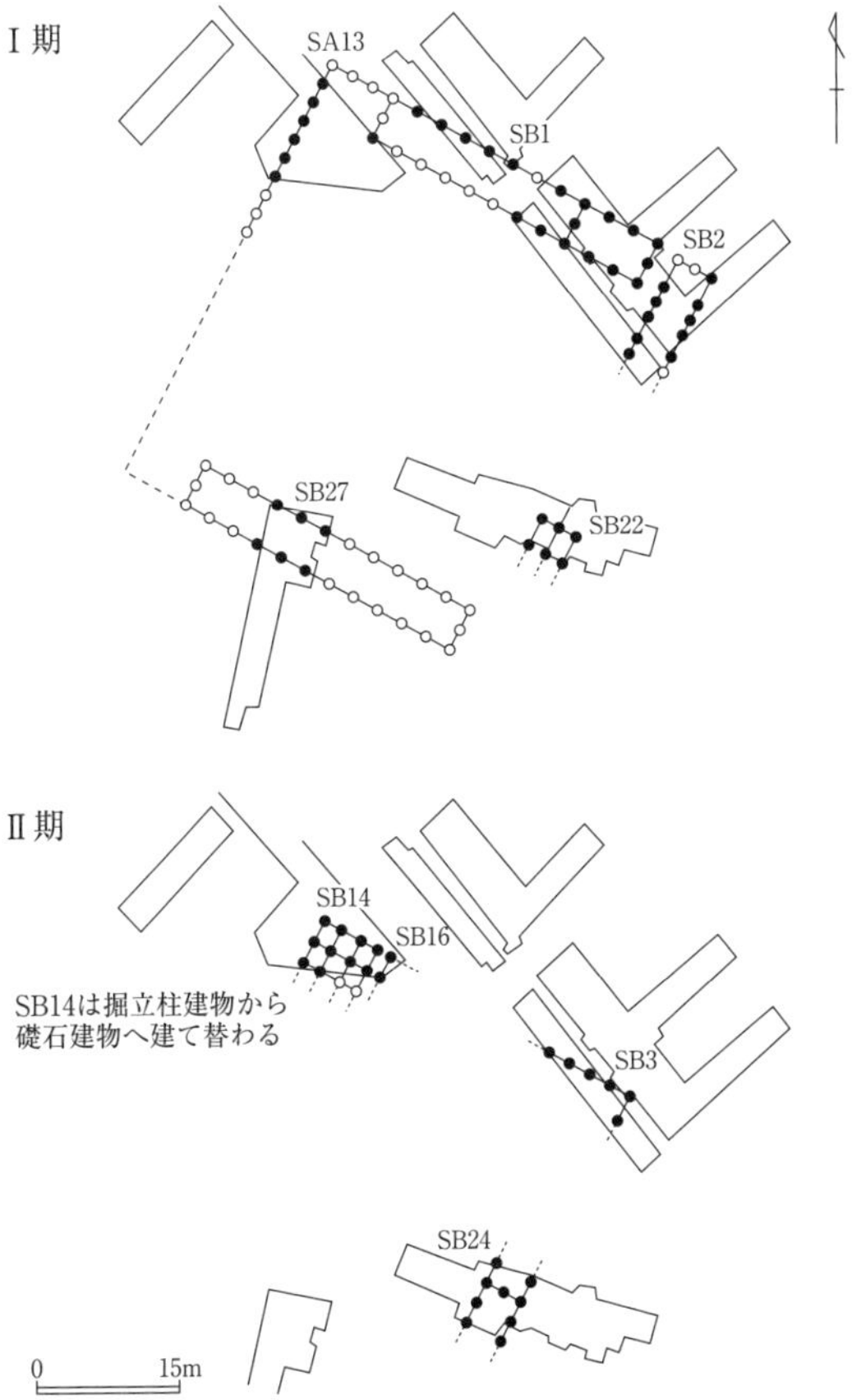

図21　郡垣遺跡の変遷（雲南市教育委員会2014より作成）

七世紀後半の地方官衙は、真北の正方位を採ることは稀で、斜め方位を採用する例が多い。早い時期から久米《くめ》官衙遺跡群（愛媛県）、筑後《ちくご》国府（福岡県）の前身官衙のように正方位を志向する官衙遺跡もあるが、七世紀後半代に地方では官衙に正方位を採用するのは一般的ではなく、地形や交通路などに沿って建てられた。地方官衙の多くが正方位を採用するのは八世紀以降である。ただし、国府でも肥前国府のように国庁が約六度振れるような例もあり、地方官衙が八世紀以降にも正方位をとらない例もある。地方官衙における建物の方位をみると、全国的に七世紀末から八世紀初頭頃に大きな変化が認められる。この時期に国府が成立し、評・郡家が整備される。七世紀後半代の評家遺跡の多くは正方位を採用せず、埼玉県熊野遺跡でみられるように規格性が乏しく居宅と未分化である点が特徴である。国府が正方位を採用したことが、国内の郡家施設に大きな影響を与えて、政庁を中心に正方位を採用したとみている。そうした典型例が出雲国内の官衙遺跡でみられる。

国府と郡家の方位

すでにみたように、出雲国府の六所脇《ろくしょわき》地区では、正方位の四面廂付建物（SB20）とその下層から振れが異なる二棟（SB18・19）が確認されており、木簡や土器類から創設は七世紀後半代にさかのぼる。初期の出雲国庁は斜め方位の建物が中心となり、後に正方位の四面廂付建物（SB20）を正殿として建て替えている。

神門郡家の古志本郷遺跡でも、八世紀前半に斜め方位から正方位に変わる。郡庁は振れが強い長舎建物から正方位になり、出雲国庁と神門郡家（古志本郷遺跡）の建物配置や振れの変更は共通する。出雲国内では、国府の諸施設が正方位を採用する八世紀以降、周辺の意宇郡家正倉の山代郷正倉も国府と同じ正方位を志向する。

郡垣遺跡の創設年代を方位からみた場合、斜め方位となっている点から、七世紀後半～八世紀初頭頃までに求められる可能性が高い。したがって、郡垣遺跡は建物配置や規模からみて創設期の大原郡庁とみることができる。

郡垣遺跡の立地をみると、赤川と幡川に挟まれた丘陵上でもっとも高所を占めた位置にあり、他の政庁と共通し国家の威信を視覚的に示す上で考慮されていたのであろう。現地に行くと、『風土記』に記されたように、今も「田が十町あって広い平原」のような景観が残されている。

移転後は正倉か

郡垣遺跡では、大原郡庁とみられる建物群は、後に礎石建物や高床建物（倉庫か）として建て直される。一般的に、地方官衙で礎石建物が採用されるのは八世紀中頃以降であり、郡垣遺跡は『風土記』に記された天平五年（七三三）以前に移転していたはずであるが、その後も役所の機能をもっていたとみることができる。郡垣遺跡が移転前の大原郡家であったとしても、移転後も役所として機能し、総柱建物がみつかっている点から正倉となっていた可能性が高い。

平石充は、「東北」と校訂し旧郡家の所在地を雲南市大東町仁和寺とする案を妥当とする一方で、里程が屋裏郷と屋代郷で同じ「一十里一百一十六歩」（五・六キロ）である点から、郡家から「東北一十里一百一十六歩」の屋裏郷でなく、「正北一十里一百一十六歩」に位置する屋代郷の可能性もあるとし、屋代郷に正倉が置かれている点から大原郡家移転後に正倉のみが残されたとみる。発掘調査の成果によれば、郡庁の後に正倉となっていた可能性が高いので、「正北一十里一百一十六歩」の屋代郷の可能性が高まっているように思える。

郡家の移転後

旧大原郡家は郡垣遺跡の発掘調査によって、「東北一十里一百一十六歩」の屋裏郷や、「正北一十里一百一十六歩」の屋代郷であった可能性が高くなっている。しかし、移転したにもかかわらず、現地に郡家に関わる地名が残るという問題がある。この点では、天平五年以降に、斐伊郷（木次町里方）から大東町仁和寺の郡垣付近へ再移転したという説が注目されるところである。まだ、大原郡家については解決すべき課題が多い。

郡家が移転した要因については、その位置が大原郡域の中心とはほど遠い飯石郡に接するような地点に置かれている点から郡内交通の視点からではなく、出雲国全体の交通体系上から考えられる。郡垣遺跡は調査によって、旧大原郡家の有力候補となった。その場合、『風土記』に記載された旧大原郡家の位置は、すべての写本に記載された「正西」ではなく、「東北」もしくは「正北」に修正が必要となる。このように、『風土記』に記載があるから、奈良時代における出雲国の様子がわかるのではなく、考古学の成果も加えて学際的に研究を進められているのが実態である

祈りの場

『出雲国風土記』と寺院

寺院造営

七世紀後半の天武・持統朝になると朝廷は仏教の普及を奨励し、都に川原《かわら》寺《でら》・大官大寺《だいかんだいじ》・薬師寺《やくしじ》などの官大寺が建立され、地方でも寺が建てられるようになった。平安時代の歴史書である『扶桑略記《ふそうりやくき》』持統六年（六九二）に「五百四十五寺」とあり、この時期の寺院跡が約五〇〇ヵ所あるとする考古学的研究からも裏づけられる。寺院は建立した地方の豪族にとって、権威を民衆に示すものとなった。

出雲国では、『風土記《ふどき》』に教昊寺《きょうこうじ》と一〇ヵ所の新造院《しんぞういん》（寺院）が記載され、あわせて一一ヵ寺の寺院が奈良時代前半の天平五年（七三三）までに建立されていた。寺名まで記載されたのは、教昊寺だけである。

『風土記』には、寺院の郡家《ぐうけ》からの方位と距離、建立した豪族の名前、堂塔や僧尼のことなどが記されており、建立者の多くが郡司などの有力者であったことがわかる。全国的な特徴としては、寺院の近くに六、七世紀の大型古墳がある点と、郡家が設けられている点である。寺院近くに前代の古墳と同時期の郡家があるのは、仏教が郡司層に受容され古墳にかわる権威の象徴として本拠地に近い場所に氏寺として建てられたことを示す。出雲国でも寺院の近くに古墳や郡家が存在する例が多く、出雲の豪族層の間に仏教が浸透したことがうかがえる。

出雲国では天平五年時点、九郡のうち五郡に寺院はあった。残りの島根郡・秋鹿《あきか》郡・飯《い》石《いし》郡・仁多《にた》郡内でも瓦が採集されており、天平五年以降の奈良時代後半から平安時代にかけて寺院は造営されていた。『風土記』に寺院が記載された、特定の郡の豪族層だけに仏教が広まっていたわけではなかった。出雲市鰐淵寺《がくえんじ》に伝わる観音菩薩立像の台座に刻まれた銘文には、壬辰年（六八九年）に出雲国の若倭部臣徳太理《わかやまとべのおみとくたり》が父母のために菩薩をつくったとあり、七世紀末頃には出雲国の豪族層に仏教が広まっていたことが知られる。

仏教導入

出雲国における寺院研究において、まず取り上げられるのは近藤正の成果である。およそ半世紀前になるが、『風土記』に記載された教昊寺、山代《やましろ》郷南・北新造院（四王寺跡《しわじ》・来美廃寺《くるみはいじ》）との関わりについて、軒瓦を通して検討し、奈良時代前期において密接なつながりがあったとした。その上で、「出雲における初期仏教の伝播径路は教昊寺系古瓦と神門寺《かんどじ》境内寺跡系古瓦に代表される二者が認められ、それ以後は新たに出雲国分寺系古瓦と来美廃寺系古瓦に示される新しい様相が加わってきた」とした。

現在でも、大筋で認められる見解であり、出雲の初期の瓦は伯耆《ほうき》国の上淀《かみよど》廃寺と備後《びんご》国寺町廃寺を祖型とする、それぞれ近藤のいう「教昊寺系古瓦」と、「神門寺境内寺跡系古瓦」が採用される。その上に、奈良時代後期以降、出雲国分寺創建を契機として新たな瓦が採用され展開していくのである。

次に、出雲における瓦からみた寺院造営、仏教導入の特徴をみる。

出雲国造家の仏教導入

地方における寺院造営のあり方で多いのは、その地域の最有力豪族によって建立された寺院が中核となって、周辺の寺院造営に影響を与えることである。近隣でみれば、伯耆国上淀廃寺や備後国寺町廃寺が中核的な寺院となり、そこで採用された軒瓦と同笵もしくは同系瓦が周辺の寺院で用いられるあり方である。こうした場合、中核的な寺院の造営者は、その地域でもっとも有力な豪族層とみられる。出雲では最有力豪族は出雲国造家であったが、その宗教性のためか、寺院造営はかなり遅れ、出雲臣弟山《いずものおみおとやま》が山代郷南新造院の建設を行ったのは奈良時代になってからであった。出雲の寺院造営の特徴は、各地の豪族層が寺院造営にあたって、出雲国内ではなくそれぞれの交流関係のなかで隣国の伯耆や備後における中核的寺院の技術援助を受けたことであろう。そのため、上淀廃寺系瓦が教昊寺や山代郷北新造院（来美廃寺）、出雲市小野《おの》遺跡に採用され、出雲郡内の三井Ⅱ遺跡（瓦窯）に備後の寺町廃寺式軒丸瓦や、神門郡の新造院である神門寺廃寺にその影響を受けた瓦が導入されることになったのであろう。

国外の技術援助がみえなくなるのは、出雲臣弟山が山代郷南新造院の四王寺を建立してからである。出雲にも寺造りの技術が根づき、これ以降、山代郷南新造院（四王寺跡）の系統を引く瓦が意宇《おう》郡内だけでなく出雲国内各地に広がっていく。

山代郷南新造院の所用瓦として創作された軒丸瓦は、意宇郡域を越えて出雲郡の大寺《おおてら》廃寺にも葺かれ、その系譜を引く瓦は意宇郡内に限らず島根郡、秋鹿郡の寺院からも出土している。その背景に南新造院の檀越《だんおつ》である出雲国造家の存在が想定されている。花谷浩は、出雲臣弟山による山代郷南新造院建立について、「国造職を担う出雲臣家が仏教伽藍《がらん》を造営したことは、山陰道の中でも寺院建立が遅れていた出雲国の宗教事情に大きな影響力をもったにちがいない」とみる。その通りであろう。『風土記』が完成した後、それまで瓦葺きの寺院がなかった地域にも南新造院（四王寺跡）の系統を引く軒瓦が採用されて、寺造りが出雲国内に広がっていくのである。

意宇郡の寺院

『風土記』によれば国府《こくふ》所在郡の意宇郡には、もっとも多く四ヵ寺が設けられていた。唯一寺名が記された教昊寺は意宇郡山国郷《やまくにごう》にあった。『風土記』には、意宇郡家の正東二五里一二〇歩（一三・六キロ）に、五重塔があり、教昊僧が造営したと記されている。寺の建物や造営者までわかる。現在、教昊寺に比定されている安来市野方《のかた》廃寺には、小高い丘陵上に塔心礎が残る（図22）。伯耆国から出雲国に入ってくる、山陰道沿いに建立されておりシンボリックな存在だった。

山陰における寺院建立は、まず伯耆国では大御堂《おおみどう》廃寺（倉吉市）の創建が七世紀中頃にさかのぼり、因幡《いなば》国では等ケ坪《とうがつぼ》廃寺（鳥取市）、石見《いわみ》国は重富《しげとみ》廃寺（浜田市）が七世紀後半に創建される。七世紀後半代には各地の有力者は大型古墳に代わって権威の象徴として本拠地に近い場所に氏寺として建て、祖先の追善供養などを行った。古代において、寺院の造営はそれまでになかった新しい土木・建築技術や知識をはじめとする文化そのものの導入にもつながっていた。

図22　教昊寺跡（野方廃寺）の礎石

一方、出雲国では他国よりも寺院の造営は遅れてはじまったようである。出雲国でもっとも早く造営されたのは、『風土記』に教昊寺と記された安来市野方廃寺で七世紀末～八世紀初頭である。出雲の最有力豪族である、出雲国造家の出雲臣弟山が建立した山代郷南新造院（四王寺跡）は八世紀前葉に降る。他の国々では国造だった一族が、いち早く寺院建立を行う場合が多いなかで、出雲国は異なるあり方をみせる。

こうした寺院建立が遅れる背景に、出雲の豪族層の宗教性の違いが介在していた可能性も推定されている。出雲国は神社の数が、全国的にみても大和国、伊勢国に次いで多いという特徴がある。意宇郡は熊野大社・杵築大社《きづきのおおやしろ》の神郡で、律令国家の神祇祭祀に重要な位置を占めており、そのため他よりも仏教を忌避する傾向があったのであろうか。全国で神郡は八郡に置かれた。すべての神郡で寺院建立は遅いわけではないが、神郡の伊勢国度会《わたらい》郡、常陸《ひたち》国鹿島《かしま》郡、筑前《ちくぜん》国宗像《むなかた》郡では奈良時代になってからであり、出雲国意宇郡と同じように寺院建立は遅れる傾向がある。紀伊国名草《なぐさ》郡も他の郡よりも遅れて寺院建設がはじまっているようである。意宇郡の出雲臣と同じく、こうした神郡で郡司となっていた、中臣氏、度会氏、宗像氏、紀直は神社の祭祀も司っていた。

出雲国においても、仏教を忌避する背景があって寺の建立が遅れたのであろうか。また、寺院の造営が遅れた理由を地域社会の意思ではなく、ヤマト王権や律令政府が出雲を「神々の国」に仕立てあげようとした結果ではないかとみる意見もある。寺院の造営が他の国よりも遅れたことは確かであるが、その理由については律令政府の政策も含めて考える必要がある。

新造院

『風土記』に記された教昊寺と新造院一〇ヵ所の寺院については、文献史学・考古学から比定地やその意義をめぐって研究がなされている。そのなかで新造院については、主に寺院併合令や定額寺《じょうがくじ》との関わりで議論されてきた。

寺院併合令は、政府が霊亀二年（七一六）に諸国の氏寺対策として出した地方寺院の整理統合を目的とした政策で、複数の寺の併合を命じたものである。諸国の寺院の檀越が寺田獲得などの利に走り、清浄なるべき堂塔の荒廃を招いている現状を批判し、数寺ごとに併合することで僧尼の常住をはかったもので、寺院併合の実施を国司に命じ、寺院財物は国司・国師・僧・檀越がともに検校することとした。天平七年（七三五）に中止されるまで続いた寺院の整理統合政策であり、『風土記』完成の天平五年は、この政策が続いていた期間にあたる。

寺院併合令

『風土記』記載の教昊寺・新造院については、「寺院併合令」との関係で考える説が有力となっている。大きくみると、併合した寺を寺名のある教昊寺とし、併合されていない寺を「新造院」とみる説、逆に併合した寺が教昊寺のみでは実情に合わないとし、併合した寺院を「新造院」、併合されなかった寺院を「教昊寺」とみる説、併合令により併合・整備を受けたまたはその途中の新造中の寺院が「新造院」とみるなど、多くの説がある。

荒井秀規によれば、「寺院併合令」で「新造院」となった寺は、やがて公認され「新造寺」となる。その後、複数の新造寺から「官寺となすべきは官寺とする」ということから、天平勝宝元年（七四九）以降にそのいくつかが定額寺に指定された。新造の意味については、「改造・修理」とし、新造院は「寺院併合令」での併合・整備を受けたか、その途中の寺院であるとし天平五年（七三三）時点で教昊寺だけが定額寺として認定されていたと考える（荒井一九九四）。山代郷南新造院（四王寺跡）についても、後に正式名称を四王寺とし定額寺の指定を受けたと推定されている。奈良時代以降、新造院のいくつかは定額寺になっていたようである。

教昊寺とされる野方廃寺や山代郷南新造院（四王寺跡）、北新造院（来美廃寺）では発掘調査が行われ、創建時期や変遷が解明され、『風土記』の記載との対応関係も判明している。もっともよくわかっているのが、山代郷北新造院であり、堂塔の造営過程が解明され、『風土記』成立以降の寺院整備の過程を知る上でも大きな成果があげられている。『風土記』に記載されたように、天平五年時点において北新造院では厳堂（金堂）だけが完成しており、その後、八世紀後半代までに東塔・西塔・講堂が建立され伽藍が整えられたという変遷が明らかにされている。

多様な伽藍配置

古代寺院の中心部には、本尊仏を安置する金堂や、舎利《しゃり》を安置する塔、僧尼の講説の場である講堂などの建物が配された。

金堂が東、塔を西に配置した法隆寺式や、金堂と塔の位置を逆にした法起寺《ほっきじ》式の伽藍配置が地方の寺院では多く採用された。これは中央の伽藍配置を積極的に地方でも採用したと理解されている。その一方で、寺院のなかには特徴的な伽藍配置をとるものも多く存在している。金堂の両脇に塔を配置した山代郷北新造院（来美廃寺）では、講堂は金堂の背後に置くのが一般的だが、地形上の制約から講堂を南西前面に置いている。伯耆国の上淀廃寺も金堂東側に塔を南北に並べているというように、地方では中央の伽藍配置と異なり多様な形態をとることが多い。

山代郷北新造院

意宇郡条「新造院一所。山代郷の中にある。郡家の西北四里二百歩（二・五キロ）の所にある。厳堂を建立している〔僧はいない。〕日置君目《へきのきみめ》烈《づら》が造営した〔この人は、出雲神戸《かんべ》の日置君鹿麻呂《かまろ》の父である。〕」

『風土記』に記された一一ヵ寺のなかで、唯一、伽藍配置が判明しているのが、山代郷北新造院（来美廃寺）である。山代郷北新造院には「厳堂」だけが記載されているが、発掘調査によって厳堂（金堂）のほかに東塔・西塔と講堂が建立され伽藍を構成していたことが判明した（図23）。堂塔から出土した瓦の検討から、『風土記』成立の天平五年（七三三）までに完成していた建物は、厳堂だけであり、その後に東塔・西塔、講堂が建立され

図23　山代郷北新造院の復元イメージ（八雲立つ風土記の丘展示学習館提供）

伽藍が整えられたという変遷が明らかにされた。山代郷北新造院の調査によって、『風土記』に記された堂塔については、天平五年時点に存在した建物を記載したことがわかっている。

神門郡の新造院

神門郡条「新造院一所。朝山郷の中にある。郡家の正東二里六十歩（一・二キロ）の所にある。厳堂を建立している。神門臣たちが造った寺である」

出雲西部に勢力をもった、神門臣が建立した寺院が神門郡朝山郷にあった。現在、神門寺境内廃寺に比定されている。瓦の分布状況から伽藍の検討が行われ、塔基壇の東側に金堂、その金堂北側に講堂を置く、法起寺式の伽藍配置が想定されている。建物の造営は、金堂付近からもっとも古い七世紀末から八世紀初頭頃の瓦が分布する点から、まず金堂、続いて塔の順が推定されている（花谷二〇一六）。

こうした検討からみると、『風土記』に記されたように、意宇郡山代郷北新造院（来美廃寺）と同じく、天平五年時点で厳堂（金堂）が建っていたのであろう。

堂塔の記載は実態か

山代郷北新造院や朝山郷新造院の成果によって、『風土記』記載は天平五年時点で完成していた堂塔を示すと理解できそうである。その一方で、『風土記』の教昊寺や新造院に関する堂塔の記載をみると、単純に「天平五年時点で存在した堂塔だけの記載」とみていいのか、疑問に思うところがある。

寺の造営は金堂（厳堂）からはじまり、その後、塔や講堂・僧坊が整備されていくことが通例であるが、『風土記』によれば、四ヵ寺で厳堂（金堂）の記載がなく、塔や教堂（講堂）だけとなっている。本尊仏を安置する金堂が遅れて建立されるというあり方は特異であり、講堂や塔が先に建設される例は一般的ではない。金堂に描かれていた壁画がみつかったことで知られる、米子市上淀廃寺でも金堂、続いて塔が建立された。堂塔からなる伽藍を構えた寺院において、塔や講堂が先に建設された例はほとんど知られていない。

ここでは、『風土記』に厳堂（金堂）の記載がない寺院について、少しみておくことにする。

『風土記』に記載された新造院は、まだ国家によって公認されておらず、その途中である寺院とし、天平五年（七三三）時点で教昊寺だけが定額寺として認定されていたとみられている。その一方で、『風土記』に唯一、寺名がある教昊寺について、金堂がなく、「五層の塔」（五重塔）だけが記載されているのは疑問がある。天平五年時点に、定額寺に認定されているような有力寺院であれば、塔だけでなく本尊仏を祀る金堂もあってもいいように思える。同じような問題は、山代郷南新造院（四王寺跡）についても、「教堂」（講堂）だけが記載されている点に通じる。

『風土記』に記された堂塔をみておこう。「厳堂」（金堂）が記載されているのは一

比定地
野方廃寺(安来市野方町) 不明(安来市)
山代郷北新造院(松江市山代町) 山代郷南新造院(松江市山代町)
西西郷廃寺(出雲市平田町)
不明，天寺平廃寺説あり(出雲市)
神門寺境内廃寺(出雲市塩冶町)
不明，古志本郷廃寺説あり(出雲市)
木次駅構内(雲南市木次町) 不明(雲南市木次町)
不明，馬田寺廃寺説あり(雲南市)

表　『出雲国風土記』の寺院

郡	郷	寺院	堂塔	僧尼	建立者
意宇郡	山国郷	教昊寺	五重塔	僧あり	散位大初位下上蝮首押猪の祖父
		新造院	三重塔		山国郷人　日置部根緒
	山代郷	新造院	厳堂	僧なし	日置君目烈(出雲神戸　日置君鹿麻呂の父)
		新造院	教堂	住僧1人	飯石郡少領　出雲臣弟山
楯縫郡	沼田郷	新造院	厳堂		大領　出雲臣大田
出雲郡	河内郷	新造院	厳堂		旧大領　日置部臣布禰(今大領　佐底麻呂の祖父)
神門郡	朝山郷	新造院	厳堂		神門臣等
	古志郷	新造院	本厳堂		刑部臣等
大原郡	斐伊郷	新造院	厳堂	僧５人	大領　勝部君虫麻呂
		新造院	厳堂	尼２人	斐伊郷人　樋印支知麻呂
	屋裏郷	新造院	層塔	僧１人	前少領　額田部臣押島(今少領　伊去美の従父兄)

一ヵ寺のなかで、意宇郡山代郷北新造院（来美廃寺）、楯《たて》縫《ぬい》郡沼田郷新造院、出雲郡河内《かわち》郷新造院、神門郡朝山郷新造院と古志《こし》郷新造院、大原《おおはら》郡斐《ひ》伊《い》郷新造院（二ヵ所）で合わせて七ヵ寺である。一方、厳堂の記載がなく、「塔」だけが記されたのは意宇郡山国郷教昊寺（五層）と山国郷新造院（三層）、大原郡屋裏《やうち》郷新造院（層塔）の三ヵ寺、それと「教堂」だけが記されている意宇郡山代郷南新造院（四王寺跡）である。

『風土記』の一一ヵ寺中、四ヵ寺で厳堂〔金堂〕の記載がない。こうした厳堂の記載がないことについて不審に思ってきた。繰り返しになるが、古代寺院の場合、まず金堂から建設されるのが一般的であり、先に塔や講堂〔教堂〕が建てられるのは特殊なためである。『風土記』には、寺ごとに存在した堂や塔が記載されているが、天平五年に存在した建物だけと理解していいのだろうかと疑問に思っている。『風土記』に塔や教堂〔講堂〕だけが記載されている寺院で、本当に厳堂〔金堂〕が天平五年時点に建っていなかったのであろうか。

教昊寺と五重塔

意宇郡条「教昊寺。山国郷の中にある。郡家の正東二十五里一百二十歩（一三・六キロ）の所にある。五重塔が建立されている。〔僧がいる。〕教昊僧が造営した〔この僧は散位《さんい》大初位下《だいそいのげ》上蝮首押猪《かみのたじひのおびとおしい》の祖父にあたる。〕」

『風土記』に唯一、寺名を載せる教昊寺は意宇郡山国郷にあり、今の安来市野方廃寺に比定されている。上蝮首押猪の祖父であった教昊僧が建立し、五重塔が建っていたと記されている。

現地には、心礎とみられる礎石が丘陵上の神蔵神社に残されている。創建瓦は上淀廃寺系軒丸瓦で、七世紀末頃から八世紀初め頃に位置づけられており、創建から三〇年ほど経つにもかかわらず、塔だけが建っていた点は不審である。このほか、八世紀中頃に降る瓦なども出土しているが、伽藍配置や建物と瓦との対応関係はよくわかっていない。教昊寺は寺名をもつ点からすでに定額寺としての寺格も備えていた可能性が高く、その前面には山陰道が通っていたと推定されており、五重塔はシンボリックな建物であった。『風土記』には、すべての堂塔を記載したのではなく代表的な建物だけを記した可能性があると憶測している。

山代郷南新造院

意宇郡条「新造院一所。山代郷の中にある。郡家の西北二里（一・一キロ）の所にある。教堂を建立している。〔住僧が一人いる。〕飯石郡少領の出雲臣弟山が造営した」

出雲国造家が檀越であった、意宇郡山代郷南新造院（四王寺跡）をみていく。『風土記』には「教堂」（講堂）と記載され、厳堂（金堂）の記載はない。これまで「教堂」は誤字であり、「厳堂」として扱われてきた。しかし、誤字の根拠はなく「教堂」として考える意見もあり、その場合は講堂となる。これまで各地の発掘調査によって、講堂が金堂よりも先に建てられた古代寺院は知られていないために厳堂がよいと思ってきたが、「教堂」を誤字とする自信はない。

発掘調査も行われているが、まだ寺域や伽藍配置について不明な点が多い。発掘調査報告書によれば、八世紀中葉に建立された東西二三メートル、南北一六メートルの基壇をもつ礎石建物が確認され、その北側は未調査だが、八世紀前半の瓦葺き建物が想定され、「厳堂」と考えられていた。『風土記』記載は「厳堂」と理解する。天平五年時点では厳堂（未調査）が別にあったと想定し、その後、出雲臣弟山が出雲国造に就任したことを契機として、八世紀中葉から後半に新造院が拡大整備され、厳堂の南側に新たに礎石建物（講堂）が造営されたと考えられている。八世紀中葉に建てられた礎石建物は、出土土器から九世紀終わり頃までに廃絶したとみられているが、寺自体は一〇世紀以降も土器類や師王寺《しわじ》の字名から存続が確認されている。

礎石建物の復元

八雲《やくも》立つ風土記の丘展示学習館の出雲国府模型では、四王寺跡の発掘調査の成果を参考にして礎石建物は講堂に復元され、講堂北側の一段上の平坦面に厳堂（金堂）や塔を復元している。こうした推定は、『風土記』の記載を教堂ではなく厳堂（金堂）とみることが前提になっている。

一方、花谷浩は建物跡や出土瓦を再検討し、基壇上の礎石建物は五間×四間で、もっとも古い建物となり、平面形から金堂とした。その上で、これまで金堂が推定されていた一段高い平坦面については発掘調査によって多量の瓦が出土していないことから、金堂の北側にある平坦面には寺院の主要部はおよんでおらず瓦葺き建物は建たないとし、金堂基壇を中心部のやや北に配置した、東西南北四〇〇大尺の約一四〇米《メートル》四方、面積約一万九〇〇〇平方米《メートル》の寺域を推定している。この案も、『風土記』記載を厳堂（金堂）という前提であり、これまで八世紀中葉で講堂とされた礎石建物について、金堂と修正し七二〇年代頃に創建されたとした。

「教堂」は講堂か

『風土記』記載には写本ごとに内容が異なる場合や明らかに誤字と思われる箇所があり、記載をそのまま使うことが難しい場合がある。「教堂」記載については、これまで他に例がない点から誤記として、「厳堂」（金堂）と直されてきた。一方で、誤記とみる根拠はないために、「教堂」とし講堂を示すとみる意見も強い。したがって、天平五年時点で記載された建物について、「厳堂」（金堂）説をとるか、「教堂」（講堂）説をとるかで、発掘調査でみつかった礎石建物の評価は異なってしまうのである。

容易に金堂と講堂との区別がつくと思われるかもしれないが、そう簡単ではない。奈良時代において、講堂は金堂の背後にあり、桁行の長さが金堂と同程度かそれよりも大きくとる場合が多いが、小さな例もあり規模だけでは判断できない。講堂の基壇は金堂よりもやや低くし、簡単な組物とし金堂よりも格の低い形式とするのが一般的となっている。金堂と講堂の区別は両者がわかっている場合には、建物の配置や構造から判断できるが、南新造院のように礎石建物が一つしかわかっていない場合に、金堂（厳堂）と講堂（教堂）を見分けることは簡単ではない。

これまで述べてきたように、『風土記』の記載通りに「教堂」（講堂）とした場合、考古学的な成果との対応が問題となる。礎石建物が七二〇年代にさかのぼるのであれば、講堂（教堂）と理解するのが妥当であろう。ただし、『風土記』に記載されていないからといって、天平五年当時、厳堂（金堂）がなかったとしていいのか、断定もできない。結局は、発掘調査によって伽藍配置の全体が明らかにならないと結論はだせない問題であろう。

出雲臣弟山が建立した山代郷南新造院でみつかった礎石建物と『風土記』記載の仏堂についてみてきた。多くの問題が残されていること、あわせて『風土記』に記載された「教堂」についても誤字かどうか、確定されていないことがわかってもらえたと思う。『風土記』について、現地の遺跡と対応させて研究する場合、写本記載について誤字の可能性も考慮しながら進められているが、誤字とする根拠がないことも多い。

図24　山代郷南新造院跡

南新造院でみつかった基壇上に建つ礎石建物については、講堂説と金堂説がある。これまでは出雲国府模型で示すように、北新造院（来美廃寺）のように一段高い平坦面にもっとも古い創建期の金堂があり、その下に講堂が後に建立されたと理解されてきた。一方で、この平坦面に主要堂宇《どうう》がなかった可能性は大いにありうる。ただし、一段高い平坦面の発掘によって遺構や多量の瓦が出土しなかったのは事実であるが、瓦は片付けなどによって建物近くで出土しない場合もある。また、寺には瓦葺きでない建物も少なくはない。一段高い平坦面は大規模な造成によってできたものであり、この造成がいつ、どのように行われたかわかっていない現状では、寺の敷地だった可能性は残しておき、南新造院（四王寺跡）とは無関係の場所として保護の対象から外すことは避けた方がよいだろう。一段高い平坦面と寺との関係については、今後の調査を待つことにしたい。

現在、ここで問題にした礎石建物については、芝生が張られて基壇として整備されている（図24）。現地に立って、『風土記』記事をみていただければと思う。

新造院の実像

教昊寺を含めて、天平五年時点における新造院の実態が発掘調査によって判明しないと、『風土記』記載の内容は明らかにならないだろう。

『松江市史』では「北新造院」に「僧なし」、「南新造院」に「住める僧一軀あり」と『風土記』に記されている点について「北新造院」には僧が常駐しておらず、「南新造院」に僧は一人と理解するのは正しくなく、国家から正式に認められてはいないものの私的に得度を受けた私度僧がいたとみるべきとしている。僧の有無については、『風土記』記載を額面通りに受け取ることはできない。確かに、厳堂（金堂）があるのに、僧が一人もいないということは考えがたい。

また、大原郡斐伊郷新造院のように、僧が五人もいるなら僧坊もあったと思われるが、厳堂の記載だけである。『風土記』に記載された一一ヵ寺は、すべて厳堂、教堂、塔の一つの建物しか記載されていないことも不審である。これまでも複数の堂塔の記載がない点から、代表的な建物だけを記述している可能性が指摘されてきた。やはり、寺ごとに特定の堂もしくは塔を記載しただけで、実態をそのまま反映していない可能性が高いように思われる。教昊寺のように塔だけ、山代郷南新造院（四王寺跡）で教堂（講堂）だけが記載されている寺院の場合、その時点で金堂が本当になかったか、将来の発掘調査によって解明されることを期待したい。

『風土記』には寺の建立者（檀越）や堂塔、僧尼の有無や人数までも記載されており、個々の寺の様子がよくわかっているように思われがちであるが、寺の実態がすべてわかるわけではないのである。

新造院の性格

ここでは『風土記』に記載された新造院について、文献史学および考古学による成果を基にして、どのように新造院が国家から位置づけられていったかをみていく。『風土記』に新造院と記載された氏寺の四王寺跡・来美廃寺について、出土した瓦を通して国府との関わりを検討し、瓦の生産と供給を究明するなかで、寺の修造への国府の関与をみていきたい。

山代郷南新造院（四王寺跡）と山代郷北新造院（来美廃寺）は同じ意宇郡内で近接し、

国府・国分寺に近い場所に位置している。出雲臣と日置臣がそれぞれ建立した氏寺である。軒瓦だけでなく平瓦・丸瓦を含めて総合的にみると、国分寺創建を契機として大きく瓦の生産と供給が変わっていく。こうした瓦生産の実態から、寺の性格や機能の変化を知ることができる。

国分寺創建前

まず山代郷北新造院は七世紀末から八世紀初頭頃に建立される。創建期の瓦のなかで、主体を占める軒丸瓦、軒平瓦については、まだ生産窯は明らかになっていないが、その一部は意宇郡ではない、島根郡内の四反田《したんだ》窯から供給されている可能性が高い。四反田窯は、『風土記』に記された出雲国内最大の須恵器《すえき》窯跡群である大井窯跡群に近い位置に営まれた瓦陶兼業窯である。

続いて、八世紀前葉に山代郷南新造院が建立され、その瓦は近くの小無田《こむた》Ⅱ遺跡でつくられる。その後、教昊寺系の系譜を引く八世紀中頃の均整唐草文《からくさもん》軒平瓦とそれと組む四葉《しよう》蓮華文《れんげもん》軒丸瓦が同じ小無田Ⅱ遺跡でつくられ、南新造院の堂宇、北新造院では東塔の瓦として供給される。奈良時代前期の出雲では、教昊寺と山代郷新造院とは、軒瓦を通してみると密接なつながりがあり、こうした背景に檀越である豪族層間の関係が読み取れよう。

国分寺創建前の造瓦について、四王寺跡では創建期（八世紀前葉）には寺近くに設けられ

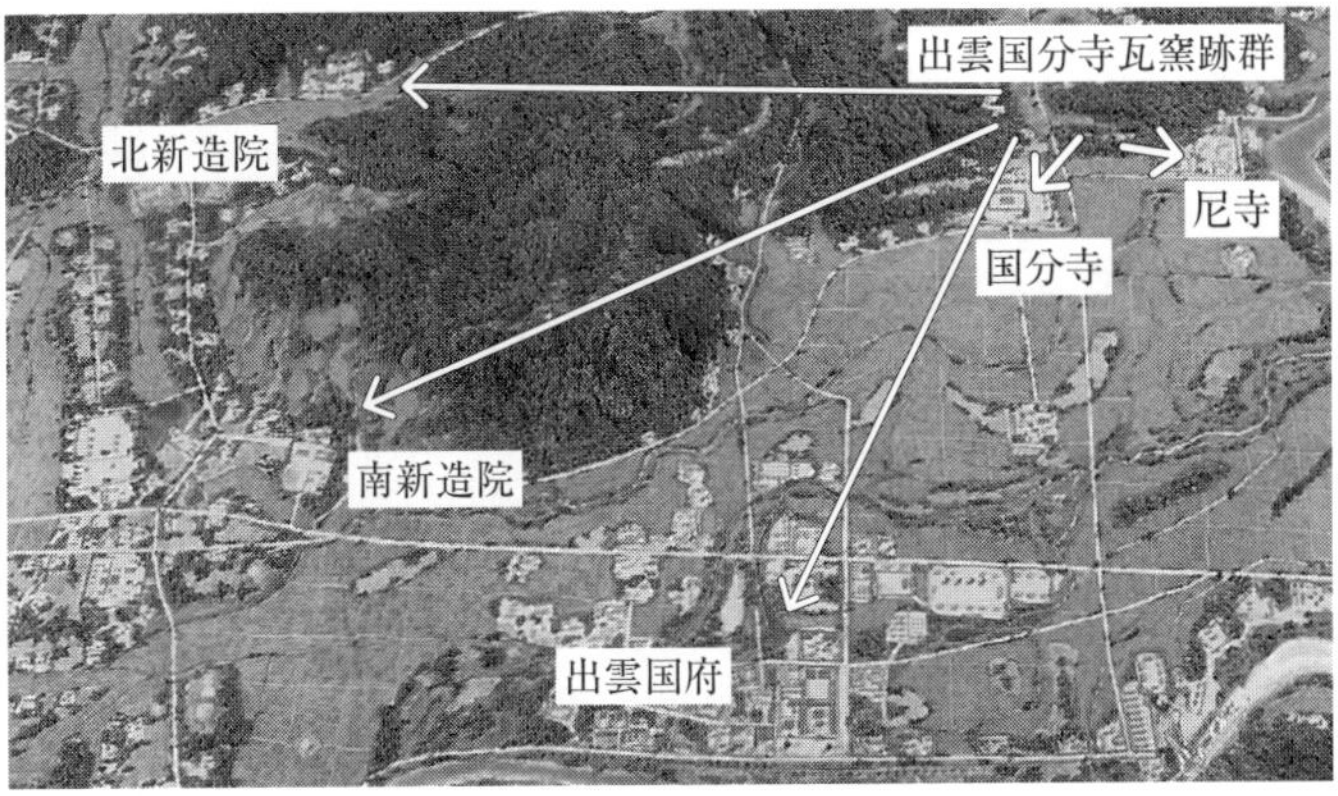

図25　国分寺創建以降の瓦供給状況

た専用瓦窯の小無田Ⅱ遺跡で行う体制をとり、その製品の一部は来美廃寺などにも供給されていた。この時点での小無田Ⅱ遺跡を中心とする八世紀中頃までの瓦生産は、山代郷南新造院（四王寺跡）の檀越である出雲臣が主体的に行ったものであろう。

国分寺創建以降

八世紀中頃の国分寺創建期に瓦生産の体制が大きく変わる（図25）。国分寺創建を契機に、国分寺・国府所用瓦を生産するために出雲国分寺瓦窯跡群が国分寺と尼寺との間に設置される。これまで出雲国分寺瓦窯跡群について、在地の氏寺との関わりは考えられていなかったが、平瓦や丸瓦を含めて分析して、実際には南新造院と北新造院へも瓦を供給していた事実を突き止めた。そうしたなかで、南新造院の瓦窯であった小無田Ⅱ遺跡では国分寺創建期に瓦生産を止め、南新造院で必要な補修瓦は出雲国分寺瓦窯跡群に依拠することになる。

国分寺創建を契機に開窯された、出雲国分寺瓦窯跡群は瓦生産に国府が直接に関与した国衙《こくが》系瓦屋《がおく》と考えられる。主たる供給先は国分寺と国府であったが、近くの新造院（四王寺跡と来美廃寺）にも国衙系瓦屋から補修用として供給されていた。これは山代郷南新造院・北新造院が奈良時代中頃には定額寺のような準官寺とされるになっていたことを示すのであろう。

定額寺の認定

『風土記』記載の山代郷南・北新造院は、いずれも在地の郡領層である豪族（出雲臣・日置君）が檀越となった氏寺であり、天平五年（七三三）に瓦葺きの仏堂を有していた。

国分寺創建以降に官衙・官寺所用瓦を生産した国衙系瓦屋から、近くの山城郷南・北新造院にも瓦が供給されていた事実が明らかになっている。ただし、国分寺創建期の八世紀中頃から南新造院（四王寺跡）では国衙系瓦窯から補修瓦を供給されているのに対して、北新造院（来美廃寺）の場合は八世紀後半になって国衙系瓦屋から補修瓦を供給されるというように時期の違いがある。

寺の修造にあたって、南新造院（四王寺跡）では国分寺創建期（八世紀中頃）から国衙系瓦窯の製品が補修瓦として入る事実から、この頃までには準官寺と位置づけられていたのであろう。一方、北新造院（来美廃寺）の場合、国衙系瓦屋から供給されるのは八世紀後半以降である点を重視すれば、同時期に定額寺になったのではなく南新造院（四王寺跡）が北新造院（来美廃寺）に先んじた可能性がある。

これまで国分寺創建以降に郡家周辺に建つ寺院（郡衙周辺寺院とも呼ばれる）が各郡の有力寺院であるばかりでなく、定額寺として認定されることが多かったと考えられている。出雲国において後に出雲国造に任じられた出雲臣弟山が檀越であった南新造院（四王寺跡）は、北新造院（来美廃寺）より意宇郡家に近い位置にあった。南新造院は後に貞観九年（八六七）の下知に即応して「四天王像安置の寺」として代用寺になったとみられており、国分寺に次ぐ寺格をもっていたとみられる。

意宇郡では、天平五年時点ですでに教昊寺は定額寺として認定されていたとみられている。意宇郡山国郷にあった教昊寺は山国郷正倉《しょうそう》に近接し、後に意宇郡から分立する能義《のぎ》郡の中心地区にあたる。こうした状況から教昊寺も郡家周辺の寺院に準じた寺とみてよいだろう。意宇郡では、郡内の有力寺院が、準官寺化されていったと考えられる。一郡内に数寺の定額寺が存在していたとみられているが、一斉に同郡内の氏寺を定額寺にしたのではなく、出雲国意宇郡ではその時々の律令国家の政策に基づき時期を違えて、氏寺が順次、定額寺に認定されていたようである。

山代郷南・北新造院のような国府や郡家の周辺に設けられている寺院は、氏寺として一族の現世利益や冥福を願うためだけでなく、奈良時代になると国分寺に準じて国家安寧を祈願させる役割を負わされるようになっていく。その代わり、国家から定額寺と認定され保護を受けるようになっていく。その一端が国衙系瓦窯から供給された瓦に現れている。文様がない平瓦・丸瓦の破片でもそのもつ意味は大きいのである。

新造院については、そのいくつかが定額寺に認定されたと推定されていたが、瓦の生産と供給状況からみても国分寺創建以降に、『出雲国風土記』記載の山代郷南・北新造院は定額寺として認められていた可能性が高い。新造院は『風土記』に記されているような、出雲臣や日置臣の氏寺としてだけ機能していただけではなく、国家にとっても重要な位置づけがなされていたのである。その一端が、『風土記』に伽藍、僧尼、建立者が詳しく記載されていることにも示されている。

出雲郡の新造院

出雲郡条「新造院一所。河内郷の中にある。厳堂を建立している。郡家の正南一十三里一百歩（七・一キロ）の所にある。もとの大領の日置部臣布禰《ふね》が造った寺である〔布禰は今の大領佐底麻呂《さてまろ》の祖父である。〕」

『風土記』に新造院として郡家からの距離や方位に加えて、建立者、当時建っていた堂塔や僧尼の数まで詳しく記されている。そのため、すべての新造院一〇ヵ所が特定できているように思われがちであるが、実際には場所もよくわかっていない寺も少なくない。金堂や塔などの伽藍配置やその変遷までわかっているのは、日置君目烈が建てた山代郷北新造院（来美廃寺）だけである。

ここでは、出雲郡の新造院から、『風土記』に記されていても場所の特定が簡単ではないということをみておく。

出雲郡河内郷には新造院があり、厳堂（金堂）が建ち、建立者は今の大領（出雲郡の長官）、佐底麻呂の祖父である、旧大領の日置部臣布禰となっている。郡家からの里程は、『風土記』写本によって大きく異なり、万葉緯本では「一十三里一百歩」（七・一キロ）、細川家本では「郡家の正南三里一百歩」（一・八キロ）となっている。大原郡家でも問題になったように、『風土記』には写本の難しさがついてまわる。どちらの写本をとるかで所在地は

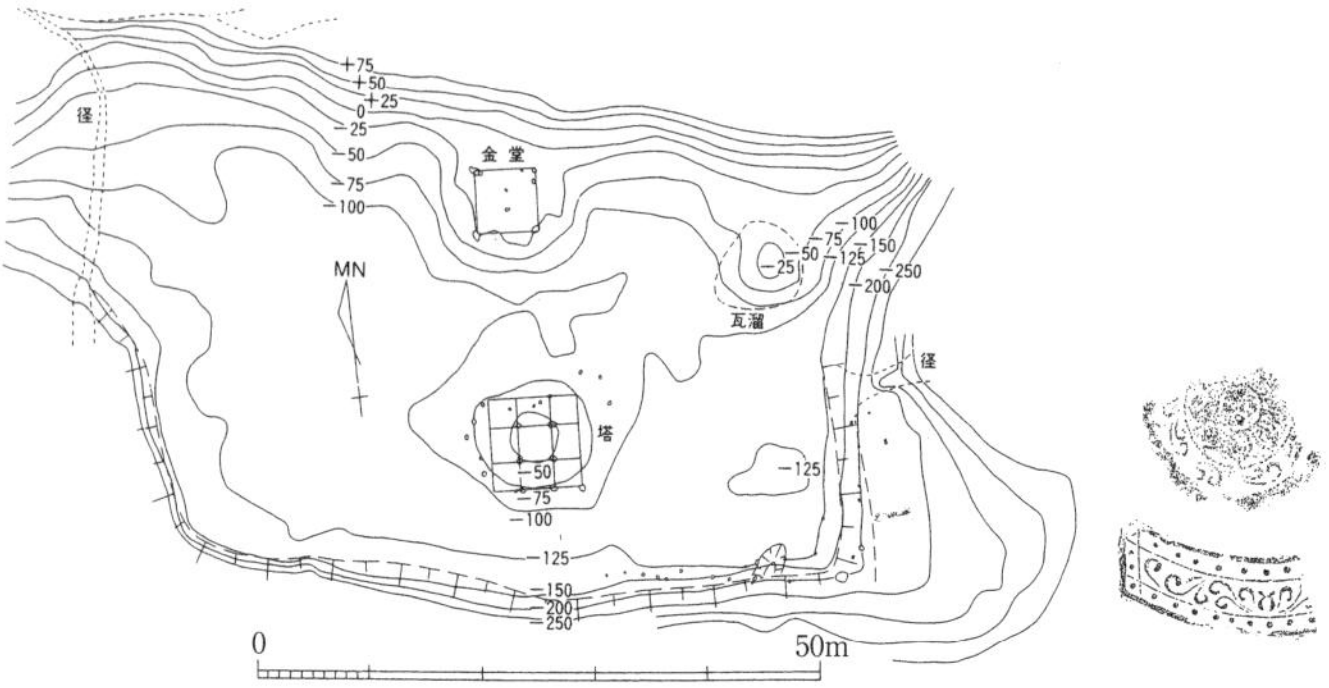

図26　天寺平廃寺の地形測量図と出土瓦（斐川町教育委員会1987より作成）

まったく異なってしまう。

河内郷新造院の比定地の一つが出雲市斐川町天寺《てんじ》平《びら》廃寺で、出雲郡家の後谷《うしろだに》遺跡南方にあたる標高約二〇〇メートルの山頂平坦面にあり、堂塔の基壇とみられる高まりが二つあり、周辺に瓦片が散布している（図26）。後谷遺跡（出雲郡家）からの距離は道程によって変わるが、万葉緯本にある「一十三里一百歩」（七・一キロ）程度となっており、この天寺平廃寺を新造院とみる説がある。ただし、山頂の天寺平廃寺に行くと、ほかの新造院が国府や郡家などの役所周辺に位置するあり方と大きく異なり、違和感を感じてしまう。こうした山中に立地する山林寺院は、地方において多くは奈良時代後半以降に建立される例が多い。加えて、前述したように、もっとも古い写本とされる細川家本に記された里程（一・八キロ）

からみると、距離が長すぎて合わない。

天寺平廃寺は発掘調査が行われていないために、創建時期や伽藍配置、寺域など、詳しいことはわかっていない。採集された瓦類からみると、出雲国分寺の系譜を引く軒瓦である点から、創建年代が『風土記』の天平五年まではさかのぼらず、八世紀後半以降に降る。したがって、写本ごとの違いと考古学的な年代からみて、天寺平廃寺を出雲郡河内郷の新造院とすることは難しい。

瓦からみた河内郷新造院

出雲郡河内郷の新造院を考える上では、出雲郡内で天平五年以前の瓦を探す必要があり、その時期にさかのぼる瓦は小野《おの》遺跡、瓦窯の三井《みい》Ⅱ遺跡で出土している。

小野遺跡は、出雲郡家の後谷遺跡東約五〇〇㍍《メートル》に位置する。奈良から平安時代とされる幅一・五㍍《メートル》の石列や平安時代の畦畔が確認されたが、建物跡はみつかっていない。瓦・硯《すずり》・墨書《ぼくしょ》土器のほかに、七世紀後半〜八世紀代の須恵器がまとまって出土しているが、仏教的な遺物もなくその性格は不明とされている。小野遺跡から八世紀初頭〜前葉頃の瓦と鴟尾《しび》が出土しているが、葺かれた建物はわかっていない。瓦は三井Ⅱ遺跡で焼かれたものではなく、別の瓦窯で製作されたものである。瓦葺きの建物が寺の堂塔になるのか、官衙かが問題となる。

『風土記』写本の細川家本、万葉緯本ともに新造院は河内郷にあったと記載されており、小野遺跡は出雲郷にあたり、河内郷の新造院とは考えがたい。古い瓦が出る遺跡があっても、『風土記』に新造院と記された寺の特定は容易ではない。

小野遺跡の西側五〇〇メートルには出雲郡家の後谷遺跡があり、近辺に郡庁もあったとみられる。また、小野遺跡が瓦葺きの仏堂を備えた寺院であったとすれば、『風土記』に記載されていないことも不審である。仏教に関わる遺物がない点からも積極的に仏堂を想定できず、ここからは役所でみられるように硯がまとまって出土しており、小野遺跡は寺院ではないだろう。出雲郡家（後谷遺跡）から小野遺跡を含めて東西約五〇〇メートルと広いが、この程度の広さをもつ郡家は各地で知られており、小野遺跡が郡家の一部でも問題はない。他国では、この時期に郡庁が瓦葺き建物の例があり、小野遺跡出土の瓦は出雲郡家（郡庁か）に葺かれたものかもしれない。

出雲国府のところで、国庁《こくちょう》付近から鴟尾や八世紀初め頃の瓦が出土していることを紹介し、国庁建物の大棟に瓦が葺かれ、その両端を鴟尾で飾った可能性があることを指摘した。実は、小野遺跡も鴟尾や瓦が葺かれた建物はみつかっていないが、大棟だけを瓦葺きとした甍棟《いらかむね》だったと考えられる。小野遺跡も鴟尾が出土し、大棟だけを瓦葺きとしていたのである。小野遺跡は寺ではなく、出雲郡家の郡庁の可能性もあると憶測している。

一方で、近くの三井Ⅱ遺跡で焼かれた奈良時代初めの瓦は、小野遺跡出土瓦と異なり供給先はわかっていない。まだみつかっていないが、三井Ⅱ遺跡や小野遺跡と同じ瓦が河内郷内で出土する地点が『風土記』に記載された新造院だったのであろう。考古学的には、出雲郡河内郷の新造院は天寺平廃寺ではなかった可能性が高く、別の未明の寺院であったと理解できる。

備後国寺町廃寺との関係

三井Ⅱ遺跡で焼かれた軒瓦は、出雲郡河内郷の新造院（未発見）に葺かれていた可能性が高い。ここで焼かれた軒丸瓦は、山陰では数少ない瓦当下端部に三角状突起をもち、いわゆる水切り瓦と呼ばれる。広島県三次市の寺町廃寺を中心に長期間にわたって生産されている。特異な形状とともに、備後国、備中国、安芸国《あき》、出雲国に分布が限られていることからも注目されてきた。

寺町廃寺は備後国北部の中核的な寺院であり、『日本国現報善悪霊異記』記載の三谷寺と推定されていることからも、地方における寺院と仏教の受容のあり方を考える上で重要な資料とされてきた。『日本国現報善悪霊異記』は、一般に『日本霊異記』として知られる仏教の説話集である。人々に善悪の報を示し因果応報の理を説いている。そのなかに寺院建立が善報となる例として、備後国三谷郡の大領の先祖が、白村江の戦（六六三年）のために百済に遣わされた際、「無事に帰れた場合に、諸の神祇の為に寺院を建立する」と誓願して、難を免かれ無事に帰還した後、三谷寺を建立した説話が載っている。

国を越えた軒瓦の同笵関係

出雲市の三井Ⅱ遺跡（瓦窯）から出土した軒丸瓦は、遠く距離が離れた大当瓦窯（広島県三次市）の瓦と同じ木製の笵型でつくられている。備後国の寺町廃寺用の瓦を製作にあたっていた瓦工人が、国を越えて出雲国出雲郡まで来ていたのである（図27）。筆者の指導学生であった日浦裕子が卒業論文で取り組み、軒丸瓦の笵の傷み進行や製作技術を細かく検討して、同じ笵であることを追認した。この間、筆者も寺町廃寺や三井Ⅱ遺跡の瓦を実見した。

気になったのは、寺町廃寺と三井Ⅱ遺跡の平瓦や丸瓦の特徴も似ていることであった。特に三井Ⅱ遺跡の平瓦の凸面に残る格子叩きの痕跡は、使い込んで傷みが目立つものであり、寺町廃寺に傷みが少ない同一叩きがあれば、軒丸瓦の笵型だけでなく平瓦をつくる叩き板も国を越えてもち込まれたことを明らかにできると考えた。平瓦の叩き板の同定は難しく、まだ寺町廃寺と三井Ⅱ遺跡の間に同一例を確認できていない。軒瓦の笵が国を越えた例はいくつか知られているが、平瓦の叩き板の移動は明らかになっていない。いまだに平瓦の同定ができていないのは、残念である。おそらく、瓦工人は、軒丸瓦の笵型だけでなく、平瓦製作用の叩き板を含めて、瓦作りの道具一式を携えて備後国から国境を越えて来たのであろう。

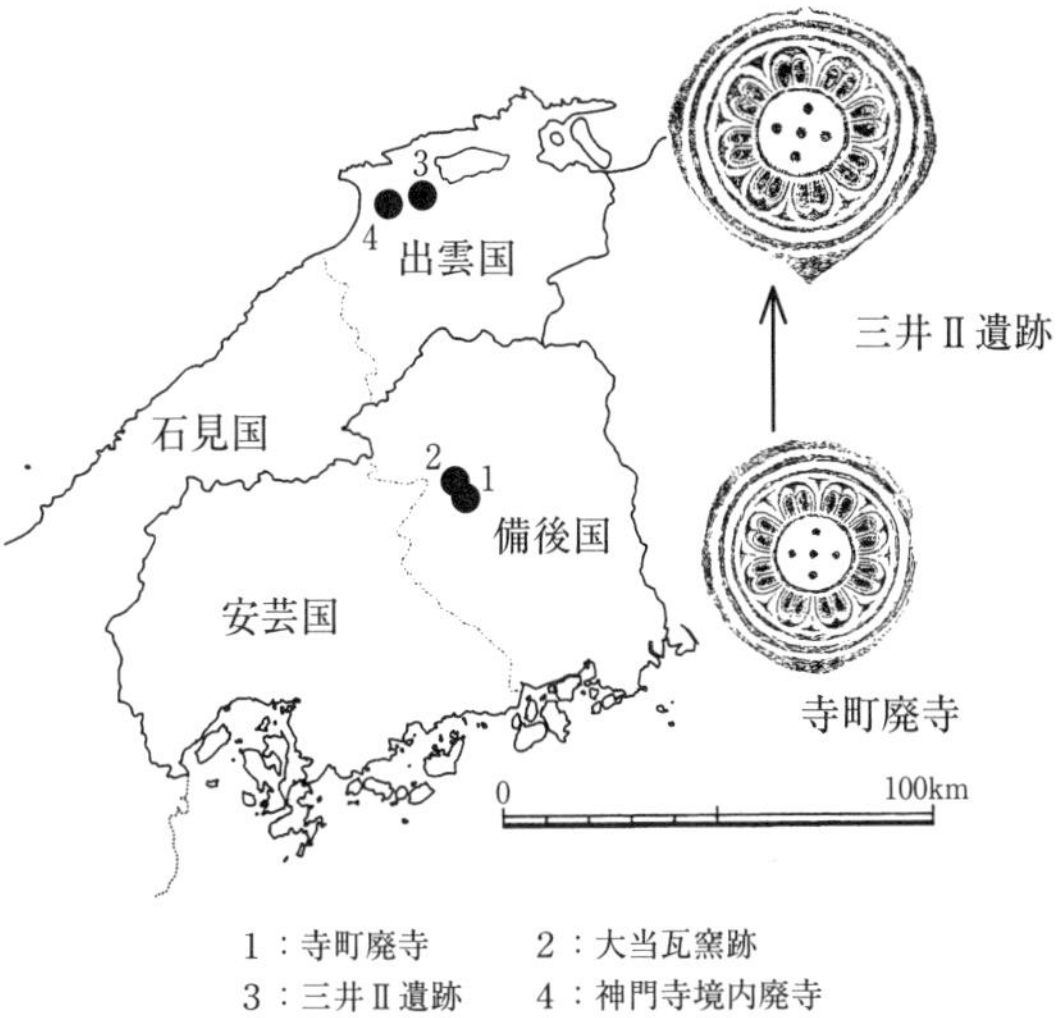

図27　出雲と備後の水切り瓦（日浦2015より作成）

出雲郡河内郷新造院の瓦生産にあたっては、国を越えて備後国三次郡の寺町廃寺との深い関わりが明らかになった。瓦生産だけでなく、寺造り全体にあたっても寺町廃寺からの技術導入があったと憶測できる。寺造りは土木・建築技術などを含む最新技術の導入でもあった。出雲郡の有力者である、新造院の建立者は旧大領の日置部臣布禰であり、一方、寺町廃寺は白村江の戦のあと、百済の僧をともなって帰った備後国三谷郡の大領の先祖が建立した寺である。ともに郡の役人が建立した寺であり、瓦生産から国を越えた有力者間のつながりがうかがえる。国を越えて備後国から技術者を招いてまで寺造りを行わざるを得なかったことから、八世紀前半において出雲国内での寺造りがそれほど盛んでなかったことを示しているとみることもできよう。

いわゆる水切り瓦を通して、出雲と備後との国を越えた関係をみたが、この関係は中国山地を介したものであった。一方、新造院の比定地の一つと紹介した、出雲市斐川町天寺平廃寺から出土している瓦からは日本海を通した、出雲と長門《ながと》との関係がうかがうことができる（図28）。

長門との交流

天寺平廃寺から出土している軒丸瓦と軒平瓦は長門深川《ふかわ》廃寺系瓦と呼ばれるものである。軒丸瓦は、先端の尖った八葉の蓮華文の周りに唐草文をめぐらし、軒平瓦は中心飾りから軒丸瓦と同様な唐草がのびる均整唐草文で、井桁《いげた》状の外区には珠文《しゅもん》を配しているという、畿内ではみられない独特の文様である。出雲では、天寺平廃寺のほか、出雲市長者原《ちょうじゃばら》廃寺、意宇郡山代郷北新造院（来美廃寺）から出土しており、長門国で長門深川廃寺（山口県長門市）だけで採用されているあり方と異なり広く採用されている。この瓦は長門と出雲という国を越えた分布をみせている。遠く離れた出雲と長門にだけみられる瓦で、両地

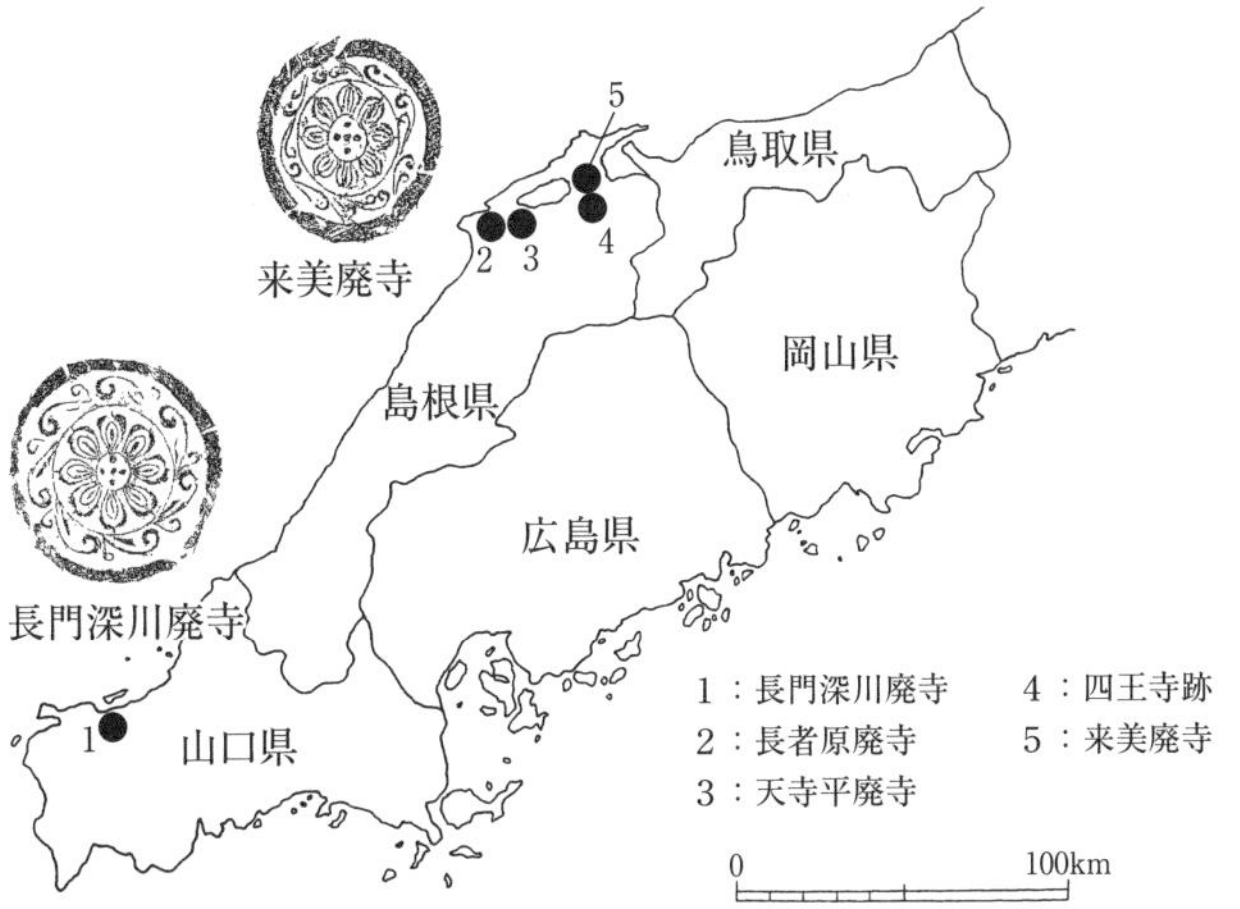

図28　長門深川廃寺系瓦からみた出雲と長門（岡崎2009より作成）

域の関わりを示すとみられてきた。

かつて独特な文様をもつ軒瓦は、長門深川廃寺で創作され、長門から出雲へ伝えられたと考えられていた。筆者の指導学生の岡崎由希が卒業論文で検討した結果、実際には逆であって出雲国内において出雲国分寺の瓦が祖型となっていて、出雲から長門深川廃寺に伝えられたことを明らかにした。

出雲国分寺の軒丸瓦をみておく。長門深川廃寺系軒丸瓦は、花弁の周りに唐草をめぐらす特徴があり、これは出雲国分寺の軒丸瓦が祖型となっていたことが両者を比べるとわかる。奈良時代後半に出雲国分寺の瓦がモデルになり出雲で生まれ、出雲国内の寺院で用いられた瓦が遠く離れた長門深川廃寺の瓦の祖型になったのである。

先に紹介した、いわゆる水切り瓦と異なり同じ笵型そのものではないが、出雲から長門へ瓦の製作技術が伝えられたと理解でき、文献史料には残されていないが、その背景には日本海を通した出雲と長門の有力者間の国を越えた深い関係が読み取れる。

仏教の浸透と広がる寺院

新造院記載がない郡

『出雲国風土記』には九郡中、五郡に新造院の記載があり、天平五年（七三三）に、およそ半数程度の郡に寺があったことがわかる。『風土記』が語るところは、天平五年時点での寺であり、他の郡や新造院以外の寺、天平五年以降については考古学的研究によるところが大きい。

『風土記』に記された、意宇郡の山国郷教昊寺（野方廃寺）や山代郷南・北新造院（四王寺跡・来美廃寺）の堂塔が瓦葺きだったことから、『風土記』に記された新造院の多くは瓦葺きとみられる。その一方、すべての寺が瓦葺きの堂塔を備えていたわけではない。これは出雲国に限らないが、瓦を葺かない寺も少なくなかった。

寺跡や仏教遺物を出土する遺跡の集成によれば、出雲国内では瓦出土遺跡からみると、少なくとも二〇を超える寺が推定され、このほか、瓦は出土しないが、仏教関係遺物から各地に寺が数多く存在したことがわかる。その多くが、奈良時代後半からはじまる寺であったようである。まず、仏教は奈良時代前半までに郡領層を中心に導入されたが、それが奈良時代後半以降、民衆にも徐々に広まっていった。久保智康は、出雲の山寺の多くが郡境・国境を中心に存在し、近くの山麓には神社が鎮座しており、これは薬師悔過、観音悔過を修して郡域・国域の厄災消除を祈願したものであるという。古代において、神と仏は近い場所にあって混交していた。

秋鹿郡の寺

ここでは『風土記』に新造院（寺院）の記載がない、秋鹿郡を例に取り上げて『風土記』成立以降に、どのように在地において仏教が普及していったかをみておく。

秋鹿郡は、宍道湖《しんじこ》北岸の島根半島にあり日本海にも面し、東に島根郡、西で楯縫郡と接する。『風土記』では四郷一二里と神戸からなり、郡の等級では下郡になり、出雲国のなかでも小さな郡の一つである。駅路の山陰道から離れており、『風土記』巻末記によれば国府から隠岐《おき》に渡る千酌駅家《ちくみのうまや》に向かう枉北道《きたにまがれるみち》が、島根郡家で分岐して郡内を東西に走っていた。

秋鹿郡では、『風土記』に新造院の記載がなく、天平五年時点に寺はなかったようである。瓦を出す遺跡としては松江市西長江町に常楽寺《じょうらくじ》遺跡があり、意宇郡山代郷南新造院（四王寺跡）や出雲国分寺の瓦窯跡として考えられ、奈良時代にさかのぼる寺は知られていなかった。常楽寺遺跡は正式な調査は行われていないが、『松江市史』も「約五〇《メートル》の範囲に布目瓦や窯壁の破片が散布」しており、宍道湖対岸にある山代郷南新造院や出雲

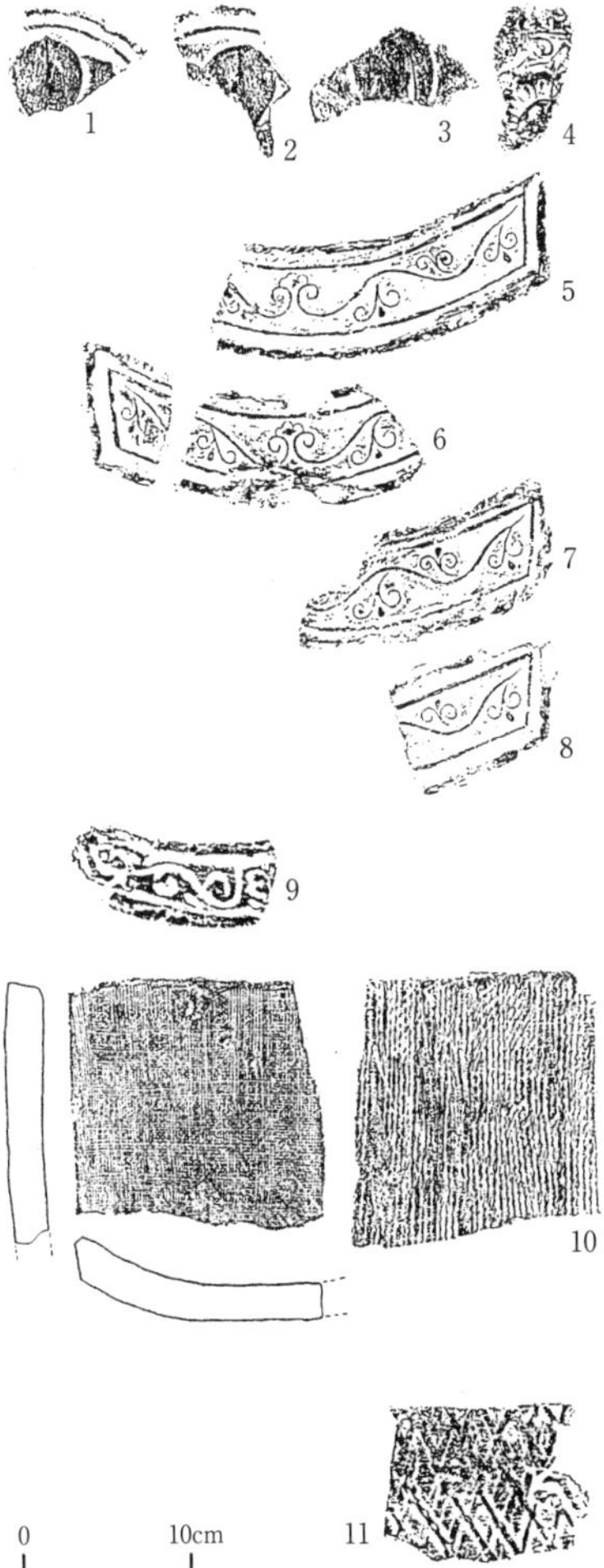

図29　常楽寺遺跡採集の瓦（松江市2012より作成）

国分寺の瓦窯とされている（図29）。これまで山代郷南新造院や出雲国分寺の供給窯とされてきたが、採集資料を検討した結果、四王寺と同笵とされていた軒丸瓦・軒平瓦は酷似しているが、同じ笵型ではなく知られていないものであった。ここ以外にないという点から、山代郷南新造院向けの瓦ではなく、秋鹿郡内の寺向けの瓦とみるべきであろう。

常楽寺遺跡は寺院か

現地を何度か訪ねたが、「窯壁の破片」をみていないため瓦窯と断定していいのか、遺跡の性格についても問題がある。ここから出雲国分寺と同笵とみられる軒丸瓦も採集されている。その一方で、出雲国分寺の所用瓦については、国分寺近くの出雲国分寺瓦窯跡群で国分寺創建から補修まで一貫して瓦生産を行っていた。そのため、常楽寺遺跡から採集された出雲国分寺の同笵瓦も、出雲国分寺瓦窯跡群産の可能性が高く、そうであれば常楽寺遺跡は瓦窯ではなく、寺（もしくは官衙）だった可能性もでてくる。常楽寺遺跡からは平瓦を焼成後に半分に割った、割熨斗瓦《わりのし》という棟に使う道具瓦が三点採集されている。窯跡から焼成後に割った熨斗瓦が出土することは稀であり、付近に寺の存在をうかがわせる。

また、筆者はみていないが、常楽寺遺跡に「窯壁の破片」があることが確実なら瓦窯でもあり、近くに瓦を葺いた寺があったのであろう。山代郷南新造院の場合、すぐ近くに小無田瓦窯を設けている。同じ系統の軒丸瓦の瓦当文様をもつ、松江市平《ひら》ノ前《まえ》廃寺も隣接した丘陵に法恩寺瓦窯を設けている。常楽寺遺跡も寺と瓦窯が近接している可能性があろう。なお、出雲国分寺と同笵とされる軒丸瓦一点（図29―4）は所在不明でみることはできていないが、文様からみると国分寺創建瓦である。『出雲国風土記』成立後、間もない時期に瓦葺き建物が付近に建立されていた可能性が高いだろう。

秋鹿郡家

『風土記』によると、秋鹿郡は郡名の由来が正北に秋鹿日女《あきかひめ》命が鎮座するためとあり、この社は秋鹿社の祭神とみられ、その南方近くに郡家があったと推定される。今の秋鹿社は常楽寺遺跡の北西方にあるが、秋鹿社は「雲陽誌」にみえる姫二所大明神であって、東長江にあったとする説もある。

郡家そのものはみつかっていないが、地名から松江市東長江町の郡崎《こおりざき》付近とみる意見が有力である。そうであれば、秋鹿郡家と寺院、そして秋鹿社はさほど離れていなかったことになる。

出雲国造家との関わり

寺の檀越は在地の豪族であり、『出雲国風土記』には秋鹿郡の大領は蝮部《たじひべの》臣《おみ》、権任少領に刑部臣《おさかべのおみ》、主帳に日下部臣《くさかべのおみ》がみえる。こうした郡司らが寺を造営したのであろう。また、『出雲国風土記』をまとめて執筆した、神《み》宅臣金太理《やけのおみかなたり》は秋鹿郡の人であった。

常楽寺遺跡から採集された軒瓦は二種あり、一つは山代郷南新造院で採用された軒丸瓦に酷似したものであり、似た瓦は松江市松之前廃寺《まつのまえ》（意宇郡）・平ノ前廃寺（島根郡）、出雲市大寺《おおてら》遺跡（出雲郡）で奈良時代後半から平安時代にかけて採用されており、出雲国内に広がる。こうした同系の軒瓦の展開については、出雲国造家が檀越となった山代郷南新造院出土瓦と酷似し、出雲国造家との関わりが想定されている。秋鹿郡の造寺においても、出雲国造家との関わりがあったのであろう。

その一方で、山代郷南新造院（四王寺跡）と北新造院（来美廃寺）で取り上げたように、国分寺創建以降に郡家周辺に建つ寺院は、各郡の有力者によって建立された氏寺であるばかりでなく、準官寺として国家によって位置づけられることが多かった。常楽寺遺跡に、出雲国分寺の創建瓦が供給されている点から、国府との深い関わりも想定できる。常楽寺遺跡から国分寺創建瓦が採集されている点は国家が造営や補修などに関与したことを示しており、準官寺で定額寺のような性格ももっていたのであろう。『出雲国風土記』から常楽寺遺跡は秋鹿郡内にあり、その近くに郡家も置かれていたと推定される。常楽寺遺跡は『風土記』成立以降に建立された寺の可能性があり、そこに国衙系瓦屋の製品が供給されているとすれば、この寺も国分寺創建期頃に定額寺として認定されていた可能性がある。常楽寺遺跡から採集された瓦をみると、在地の有力豪族である出雲国造家との関係に加えて国との関わりも深い寺で、郡家とともに地域支配にとって重要な役割を担っていたことがわかる。

出雲国分寺造営の影響

奈良時代前半に、出雲国造家の出雲臣弟山が寺院建立を行ったことが大きな影響を在地に与えたことをみてきた。次の大きな画期は、先述したように出雲国分寺造営であった。国府が官寺である国分寺・尼寺や国府の造営において、国衙系瓦屋で瓦生産を行ったことは、その後の寺造り、瓦生産にも大きな影響を与えた。八世紀後半以降、出雲国分寺の系譜を引く、いわゆる長門深川廃寺系瓦が、意宇郡の山代郷北新造院（来美廃寺）だけでなく、出雲郡の天寺平廃寺、神門郡の長者原廃寺へと広く採用されていく。出雲では、奈良時代前半までは他国から瓦作りの技術援助を受けていた。それが、国分寺創建以降（八世紀後半）になると、長門国の長門深川廃寺の瓦作りにまで影響を与えるように変わったのである。

出雲国は杵築大社を代表として特殊な宗教性があって、当初は仏教の導入が他の国よりも遅れたとみられているが、これまでに述べてきたように、奈良時代になって出雲国造家の出雲臣弟山が南新造院（四王寺跡）を国府近くに建立し、引き続いて国分寺・尼寺が創建されていくなかで、出雲国内の有力者は積極的に仏教を導入し寺院造営が活発化していくのである。

仏と神の世界

古代においては、郡家の近くに郡司層を中心とする豪族が建立した寺がともなう場合が多いことはよく知られており、仏教と郡家や郡司層との強い結びつきが読み取れる。加えて、寺だけでなく郡家の近くで祭祀を行った遺跡が各地でみつかるようになっている。代表的な例としては、岐阜県関市の武義《むぎ》郡家があり、ここでは郡家の弥勒寺東遺跡と弥勒寺跡の西側にあたる弥勒寺西遺跡で木製祭祀具や墨書土器がみつかり、ここで水辺の祭祀も行われていたことが明らかになっている。

出雲郡内の青木遺跡でも、奈良時代の神殿とされる建物跡がみつかっており、この近くからは山代郷南新造院と同笵の軒丸瓦が出土し、今も大寺薬師に平安仏が残されている。『風土記』によれば付近の美談《みたみ》郷には「正倉」が設置されていた。青木遺跡一帯には郡家関連施設の正倉が、神社や寺といった宗教施設と一体となって展開していたのである。秋鹿郡においても、秋鹿郡家と常楽寺遺跡、秋鹿社は近接しており、地域支配を行う上で寺や社という宗教施設の役割は大きかった。

仏教の広がり

秋鹿郡と同じく、島根郡・飯石郡・仁多郡も『風土記』に新造院の記載はないが、島根郡では平ノ前廃寺・坊床《ぼうとこ》廃寺、仁多郡では高田廃寺というように、『風土記』成立以降に、寺が建立されていた。檀越の多くは郡司層などの有力者であろう。

村落においても各地で小さな規模な堂や仏教遺物が出土している遺跡が、松江市の堤《つつみ》平《びら》遺跡をはじめとしてみつかっている。出雲市山持《ざんもち》遺跡では、吉祥天を描いたとみられる板絵四枚が出土して注目された。近くの村落で吉祥天の板絵を祀り、過去の罪を悔い改めて五穀豊穣を祈願するような法会が行われたと考えられている。

『風土記』に記された教昊寺や新造院によって仏教が郡司層に受け入れられていった様子がわかっていた。さらに、奈良時代半ば以降、それまで寺が建立されていなかった秋鹿郡をはじめとする諸郡においても、郡家付近に設けられていったことが考古学的な知見からうかがうことができる。そうした郡においても寺の造営は郡司などの有力者が檀越となっていたようであり、出雲国造家などとの関係もうかがうことができる。その後、平安時代になって民衆へも仏教が普及していく。

出雲国分寺の造営

正西道と国分寺

都から正西道《まにしのみち》を進んで、出雲国府が置かれた意宇平野に入ると、まず目に入るのは右手の丘陵裾にそびえる出雲国分寺の七重塔であった（図30）。高さは六〇㍍程度あったとも推定され、古代においてもっとも高い建物の一つであった。出雲では杵築大社の本殿も相当の高さがあったと思われ、神と仏の象徴的な存在を示していた。聖武天皇による国分寺の詔に示された「造塔の寺は国華」という方針は、諸国の国分寺で七重塔が造営された点から明らかになっている。七重塔が示すように、国分寺はシンボリックな施設で、そこに国家の威信が反映されていた。

出雲国分寺が建立された意宇平野は、現在の田園風景とまったく異なった都市的な景観

図30　出雲国分寺の復元模型（八雲立つ風土記の丘展示学習館所蔵）

であったことがわかっている。これまでみてきたように、八雲立つ風土記の丘展示学習館の意宇平野の模型に、今から約一二五〇年前の奈良時代の出雲国府跡周辺の姿を復元しており、平野のなかに都から延びる直線的な幅広い道路（山陰道）や出雲国府をはじめとする役所群・寺院が建ち並んでいる。周辺の村と異なり、役所や寺院の柱を赤く塗り、瓦葺きの建物が建ち並ぶ古代の都市であったと考えられる。なかでも高層な出雲国分寺の七重塔は、国の華であった。

国分寺創建

奈良時代半ば聖武天皇は詔を発して、日本全国にそれぞれ国分僧寺・尼寺を造立することになった。加えて、当時の都であった平城京に東大寺を創立し大仏を造ろうとしたことは、その規模、組織においても空前絶後の出来事であった。そのため、国分寺研究は仏教史だけでなく地方史の立場からもきわめて重要である。特に政府の命令で同じ時期にはじまった国分寺造営の究明は中央政府と諸国のあり方、地方の国力を知る上で大きな意味をもつ。国分寺は天平十三年（七四一）、聖武天皇が国の平和を願って全国に造らせた国立の寺院（官寺）であり、『出雲国風土記』成立の天平五年以降に創建されたために『風土記』には載らない。

わが国で仏教が受容されて、一〇〇年ほど経った奈良時代になると仏教に対する考え方が変わり、仏教によって国家を護ろうとする考え方が強まる。仏教による鎮護国家《ちんごこっか》の思想という。同時に国家が仏教を統制するようになった。

奈良時代は国際交流の華やかさが正倉院宝物にみられ、天平文化が花開いた。その一方で天候不順により凶作飢饉が頻発し、疫病流行などによって人心が動揺した。さらに隣国であった朝鮮半島の新羅との緊張関係、長屋王《ながやおう》の変など、混乱が相次いだ。特に、藤原《ふじわらの》広嗣《ひろつぐ》が天平十二年に乱を起こすと、聖武天皇は動揺し都である平城京を離れて伊勢に行幸し、乱の鎮圧後も平城京に帰らず、山背国の恭仁宮《くにのみや》に都を遷してしまう。平城京に戻るのは、五年後であった。こうした疫病流行・凶作飢饉といった状況下で、天平十三年、聖武天皇は仏教の功徳によって国家を安定させようとして「国分寺建立の詔」を発した。さらに天平十五年には「大仏造立の詔」を発した。大仏が完成するのは天平勝宝四年（七五二）であり、僧一万人を集めて盛大な開眼供養が行われた。

「国分寺造営の詔」によると、各国に七重塔を建て金字《きんじ》の金光明最勝王経《こんこうみょうさいしょうおうきょう》一部を安置し、金光明四天王護国之寺《してんのうごこくのてら》とする国分寺（僧寺）と、法華滅罪之寺《ほっけめつざいのてら》とする尼寺を建立し、僧寺に封戸《ふこ》を寄せ、それぞれ僧を二〇人、尼を一〇人おき、各水田一〇町（後に一〇〇町と五〇町に増額）を寺料にした。護国経の金光明経を重視していることから、国分寺造営は仏教による鎮護思想に基づくものである。詔では塔を造る寺は国の華であるから、必ずよい場所を選んで建立すること、そして人家に近すぎて悪臭がおよばない所、しかも人家から遠くて不便なところではいけないなどの条件がつけられた。

国ごとに寺を建立する国分寺制度と似た例は唐（中国）にみられる。則天武后《そくてんぶこう》が諸州に置いた大雲寺、中宗の中興寺などで、そうした唐の例を参考にしてわが国で国分寺の造営が考えられた。国分寺は、都から派遣された国司が責任者として建立の任にあたった官寺であることから、氏寺とは異なる。寺の造営を行うには、寺を建てる場所の選地と整地工事、堂塔に使う材木・瓦・礎石などの資材の調達など、多くの困難があった。国分寺造営の工事は遅々として進まなかった国が多かったようで、二〇年ほどかかり完成したとみられる。

出雲国分寺の創建

各地の国分寺研究において、その創建は天平十三年（七四一）に聖武天皇によって出された「国分寺建立の詔」が契機となって造営がはじまるとされた。ただし、多くの国で寺を建てる場所の選地や整地工事、堂塔に使う材木・瓦・礎石などの資材の調達など、多くの困難があり国分寺造営は順調に進まず、天平十九年をはじめとして何度も造営を促す督促が行われている。瓦の研究からも国分寺の造営の着手年代を天平十三年よりも下げて考える説が有力視され、天平十三年の詔以前にさかのぼる遺構や遺物の存在に関して積極的に示す事例はない。天平十三年になって諸国で国分寺造営がはじまったとみるのが、現在の有力見解であろう。そうしたなかで、出雲国分寺については他の国分寺よりも先、すでに天平九年から造営がはじまったとみる意見があり、近年、刊行された『松江市史』でもそうした見解に立っている。

天平九年に国ごとに造仏や大般若経の書写が命じられている点について、一般的には国分寺の構想を示すという理解が有力だが、出雲国ではこれを受けて国分寺造営がいち早くはじまったというのである。出雲国分寺が他国に先んじて、天平九年から造営がはじまったとみる根拠は、出雲国に国司として派遣された石川年足《いしかわのとしたり》が天平九年に国守として在任中に写経を行っており、仏教に深く帰依していたとみられていること、また『続日本紀』天平十一年六月甲申条によると、善政を表彰され絁《あしぎぬ》や布、さらには出雲国の正倉に納められた稲の一部を与えられていることがあげられている。『松江市史』では、「諸国における国分寺の本格的な造営については、天平十三年以降に始まったのかもしれないが、その前史として、天平九年三月に発せられた命令を受けて出雲国においては諸国に先駆けて国分寺の造営が始まり、石川年足がそれに深く関わった可能性も否定できない」とする。

全国に先駆けて出雲国では、天平九年に国分寺造営がはじまったのであろうか。近年の考古学的な瓦研究の成果からみると、天平十三年時点においてもすぐに着手されなかった国分寺が少なくなかったようであり、大いに気になる。出雲国分寺の創建瓦は都の平城京のものとも異なり、地域性が豊かな文様をもつ軒瓦であり、その製作年代を細かく押さえることは難しい。考古学的には、今のところ創建は八世紀中頃とみておくしかない。残念だが、出雲国分寺創建の年代が諸国よりも古く天平九年にさかのぼるのかについてはよくわからない。出雲国分寺の創建年代が、天平九年か十三年か、考古学的にわかるようになればいいのだが、現状では明らかにできない。各地の国分寺の瓦研究からみると、出雲国分寺だけが天平九年に造営が開始されたとするのは難しいように思われ、出雲国分寺も天平十三年以降に着手したと憶測しておきたい。

造営の過程

国分寺の造営過程は、おおよそ次のようであった。

出雲国分寺を含めて、個々の国分寺の記録はほとんど残っていないが、国分寺全般の成立過程については当時の歴史書などからおおよそわかる。天平十三年（七四一）二月に建立の詔が出てから、すぐに写経や僧尼を選ぶことが実行された。建設工事は順調にははかどらず、政府もたびたび催促を行った。天平十九年十一月には、場所が寺にふさわしくない国やまだ工事をはじめていない国があり、政府は使者をつかわして良い場所を定め、郡司など地方豪族にも協力を求めて国分寺造営を急がせた。この頃から全国的に天平勝宝年間にかけて、造営も順調に行われるようになった。しかし、聖武天皇が亡くなった天平勝宝八歳（七五六）五月の時点でも、本尊の丈六《じょうろく》釈迦三尊像さえできていない国があり、政府は翌年の一周忌までの完成を厳命し堂塔の整備も督促した。その後、七六〇年代後半に堂塔が痛んできたので修理するよう命じられているので、この頃までに諸国の国分寺は完成したと考えられている。こうした経過から、国分寺造営は完成まで二〇年前後を要した。国家的事業とはいえ、地方ではそれまでに例をみない巨大寺院であった国分寺の建立が、いかに困難をきわめたかがわかる。

山陰各地の国分寺造営にかかわる細かな記録はないが、出雲国分寺も堂塔が完成するまでかなりかかっただろう。天平勝宝八歳に聖武天皇が崩じ、出雲国を含む二六国に灌頂《かんじょう》幡《ばん》などを授け一周忌に用いさせており、これらの国の国分寺は法会を営むことができる程度には整っていたとみられる。出雲国では神護慶雲二年（七六八）に政府の命令にしたがって吉祥天画像を造り安置していたことが記録にあるので、七六〇年頃までには出雲国分寺でも堂塔が整っていたとみられている。

国分寺造営は国力を傾けてなされ、その建設や運営の費用には国費があてられた。国分寺のための特定の財源としては、寺田《じでん》、食封《じきふ》、正税出挙《しょうぜいすいこ》があった。これだけでは足りず、国分寺の建立は、財源的にも郡司など地方豪族の協力が期待された。出雲国分寺では細かな史料がなく実態は不明な点が多い。

国分寺の造営にあたっては、国司の下に造寺機関が組織されて、建設工事は進められた。造寺造りには、土木建築、彫刻や絵画などさまざまな工人が動員され、工種ごとに木所・造瓦所・鋳所などの所とよばれる単位に組織され、造寺機関を構成した。上総《かずさ》国分寺や下総《しもうさ》国分寺では近くに鐘楼の鐘を製作した鋳造遺構がみつかっている。出雲国分寺造営でも同様だったと思われ、瓦生産を行うために僧寺と尼寺の間に瓦窯（出雲国分寺瓦窯跡群）を設けて、集中的に瓦作りを行っていた。国司が主導した国衙系瓦屋で、ここで焼かれた瓦は国分寺のほかに国府の官舎や付近の山代郷南新造院（四王寺跡）、北新造院（来美廃寺）にも供給された。国分寺・尼寺、国府とともに、そこに瓦を供給した瓦窯までみつかっているのは全国的にみても例は少なく、奈良時代における官寺の国分寺や国府の造営を知る上で重要である。

伽藍配置

出雲国分寺は全国的にもいち早く調査・解明された国分寺の一つであり、全国の国分寺研究に大きな影響を与えた。堂塔の位置はほぼ明らかになっており、南門・中門・金堂・講堂・僧坊が中軸線上に並び、南東に七重塔を配置する。参道である天平古道は、条里と異なる振れを示しており、条里制施行後に国分寺の方位に合わせて道路は建設された。

近年、これまでの発掘調査成果をまとめた出雲国分寺の総括報告書が松江市教育委員会からだされた。それによれば中門から掘立柱式の回廊が延びるとされていたが、再調査の結果、回廊が中門から講堂に取りついたとみていいのか疑問視されることになった。もっとも大きな問題は、現在は金堂の南東に塔基壇が復元されているが、この七重塔の位置についても、ここに建っていたとみていいのかが課題となっている。出雲国分寺の伽藍は、全国の国分寺に先駆けて平面的に復元整備されているが、まだ回廊の有無や塔の位置の検討が必要となっているのである。

一方、尼寺は僧寺東方にあり、宅地のなかで十分に調査がされていないが、建物跡（金堂もしくは講堂か）や築地塀とみられる遺構がみつかっている。出土瓦から僧寺と同じ時期に創建されている。

好処をえらぶ

天平十三年の「国分寺建立の詔」では、国分寺を建てる場所については好処をえらんで永久に続くよう命じている。その場所は人家に近すぎてはいけない、さりとて人が集まるのに不便でもいけないとする。

実際の遺跡をみると、ほとんどの国分寺は国府の二キロ以内にあり、五キロ以上離れている国はまれであり、好処は国府の近くなどを示すのであろう。出雲国分寺は国府近くで山陰道からすぐ近い丘陵の裾に建てられた。都からの官道である山陰道沿いにあたり、その南西には国庁が設けられていた、好処とよぶにふさわしい場所である。

国分寺の衰退

国分寺は一〇世紀以降に衰退していく。律令体制が財政難になると、官寺である国分寺は衰退する。

延喜十四年（九一四）、三善清行《みよしのきよゆき》の意見書には、国費乱用の一つに国分寺造営をあげ、

「その歳出は歳入の十分の五にあたる」とし、さらに国分寺の僧について「恥知らずな人々だ。妻子を養い一家を構え、農業や商売をしている」と批判した。こういう状況を背景に、平安時代中頃の一〇世紀以降、国分寺は衰退していく。

そうしたなかで出雲国分寺からは平安京と似た瓦が出土しており、平安時代後期まで国分僧寺は法灯が続いていたことがわかっている。出土した土器からみると、出雲国府と同じく古代末の一二世紀代までは寺として機能し、中世の一三世紀には寺としての機能を失っていたようである。

近年の国分寺研究

近年、国分寺が従来想定されていたよりもかなり広く、七堂伽藍の外側に寺の運営に関わる施設が配置されていたことが明らかになっている。一方で、山陰道諸国の国分寺では金堂や塔など伽藍は判明している国が多いが、寺の運営施設や寺院地についてはよくわかっていない。

出雲国分寺は、全国的にも早い時期の大正十年（一九二一）に主要部分が国史跡に指定された国分寺研究史上、重要遺跡の一つである。国分寺研究の第一人者であった石田茂作によってだされた、国分寺の寺域（寺院地）が一辺約二町（二一八メートル）とする、方二町説は出雲国分寺の調査成果が深く関わる。石田茂作は出雲国分寺の寺域について、昭和三十年（一九五五）からはじまった出雲国分寺の調査を通じて、条里との関連から方二町とし、そのなかの五〇〇尺四方を方形に画して伽藍地とし堂塔が配置されたと考えた。そして国分寺の機能を遂行するための三綱所、国師所、倉庫、雑舎、奴婢屋、花園について、伽藍地外側の寺域内に分置されたと想定した。

近年、国分寺にとって金堂や塔などの七堂伽藍だけでなく、その外側に置かれた寺の運営施設が重要だという点が強調されている。七堂伽藍の外側に寺を運営する施設が推定されたのは、出雲国分寺が最初の例であった。発掘調査は昭和三十年にはじめて行われ、金堂や講堂などの堂塔があったことが明らかになった。その成果や条里地割などの検討から、石田茂作は国分寺の機能を遂行するための施設である、三綱所、国師所などについて、伽藍地外側に分置されたと考えた。石田茂作は国分寺を考える上で七堂伽藍だけでなく、その外側に展開する運営施設の重要性を半世紀以上前に、出雲国分寺の調査で提言していた。残念なことに、そうした国分寺の運営施設について、他国の国分寺では調査で明らかになってきたが、出雲国分寺では不明な点が多い。

運営施設

出雲国分寺の寺域（寺院地）は条里と合わないことが明らかになり、西側については丘陵が迫っている地形上の制約がある。その後、寺域の東限とされた築地塀《ついじべい》の外側に整地層が広がっていることが把握され、石田茂作が寺域と想定していた方二町の外側からも検出されている。現在は、かなり広範な範囲が寺城として造成され国分寺の敷地となっていたことが推定されるようになっている。

出雲国分寺・尼寺、伯耆国分寺では金堂・講堂・僧坊・塔・門などの堂塔はおおよそわかっているが、国師院《こくしいん》を含めて寺を運営した施設はよくわかっていない。因幡、石見、隠岐国分寺ではまだ伽藍配置も不明な点が多い。八雲立つ風土記の丘展示学習館の模型では、出雲国分寺にも国師院や運営施設（大衆院、倉垣院、花園院、賤院、修理院）があったと想定し、伽藍東側に寺院地とそこに運営施設として政所や修理院とそれに関わる倉庫が復元されている。また南側に花苑を想定している。

最近の松江市による調査で、南門の西側に井戸や建物の礎石らしいものが確認されている。国分寺の西側は丘陵が迫り宅地となっているが、この付近に運営施設が展開した可能性がでてきている。

諸国の国分寺における調査成果の一つは、国師院や讀師院《とくしいん》が各地でみつかっている点である。国師、讀師とは、地方の寺院や僧尼を指導監督するために都から派遣された僧官で、後に国師は講師《こうじ》と改称された。国師は国分寺ができるまでは国府におり、国分寺造営後は国分僧寺に居を移したとみられていた。安芸国分寺では僧坊北側に大型建物がみつかり、その付近から国師院（講師院）にかかわる墨書土器「国師院」が出土し、大型建物は国師の館とみられる。関東地方の上総国分寺、下総国分寺（千葉県）や武蔵《むさし》国分寺（東京都）、下野《しもつけ》国分寺（栃木県）でも僧坊北側で大型建物や講師院にかかわる墨書土器「講院」がみつかり、講師院（国師院）とされている。廂《ひさし》をもつ大変立派な建物で、発掘調査で周辺から緑釉《りょくゆう》陶器などの高級食器が出土することが多い。特に下野国分寺では、講師院（国師院）だけでなく、その西側から「讀院」と記載された墨書土器が出土して、講師院の西側に讀師院が想定されている。

出雲国分寺にも国師院や讀師院があり、国師らは出雲国内の寺院や僧尼の監督にあたっていた。出雲国府では地方官である国司の介館《すけのたち》が、廂をもつ立派な礎石立ちの建物で、瓦葺きの建物も含まれていたことが明らかになっている。おそらく出雲国分寺に置かれた国師の館も同じような施設であったとみられる。

山陰諸国の多くの国分寺でわかっているのは七堂伽藍の範囲であり、寺の運営施設は、従来想定されている外側に置かれた場合も多かったと想定されるので、今後の調査が期待される。

出雲国分寺の瓦

瓦は腐らずに残り、堂塔の屋根に葺かれたために、出土量も膨大である。る。軒先を飾った軒丸瓦・軒平瓦に加えて、大量の平瓦・丸瓦が出土する。出雲国分寺からも数種類の軒丸瓦と軒平瓦がみつかっている。他の国分寺では数十種を超える場合も珍しくないなかで、軒瓦の種類は少ない方になる。なかでも創建時に新たに導入された瓦は僧・尼寺共通の一種類で、出雲国府にも用いられた。全国的にみて特徴的な文様の瓦で、古くから新羅系瓦として取り上げられてきた。最近の瓦研究は、文様だけでなく瓦の製作技術も含めて検討するようになっている。現在、瓦の作り方が出雲と朝鮮半島で異なる点から、朝鮮半島から直接瓦工人が出雲に移動して瓦をつくったのではなく、文様が情報として伝播したものと想定されている。

諸国の国分寺研究において、金堂・塔などの伽藍配置のあり方や出土した軒瓦の検討が中心に進められてきた。そのなかで、特に出雲国分寺の発掘調査成果は重要な位置を占めてきた。その一方で、寺域の広がり、伽藍外側の運営施設や国師院についてはまだ位置も不明となっている。もっとも大きな問題は、中門から延びる回廊の状況や塔の位置が金堂の南東でいいのか疑問視されていることである。今後の調査によって、そうした課題も解決されることを期待している。

現在、出雲国分寺は国史跡となり公園として整備されている。今後も、わが国の古代仏教史を考える上で重要な出雲国分寺について適切な保護と活用が図られることを願っている。

出雲の神社

杵築大社と神社跡

現在、出雲の神社を代表する出雲大社は江戸時代までは杵築大社と呼ばれていた。平成十二年に、出雲大社の本殿前で太い柱を三本束ねて一本の柱とした本殿跡がみつかった（図31）。当初は古代の本殿とみられたが、後に鎌倉時代に建てられたとわかる。三本をまとめた柱を九本用いたもので、他に例をみない建物構造であった。書店に並ぶ古代出雲を扱った多くの本に掲載されているので、知っている読者も多いだろう。出雲大社近くの古代出雲歴史博物館に、その柱の一つが展示されているのをみれば、その巨大さに圧倒されよう。

出雲国は、平安時代の『延喜式《えんぎしき》』神名帳に一八七社と記載され、大和国の二八六社、伊

図31　杵築大社本殿跡の柱（出雲大社提供）

勢国の二五三社に次いでいる。奈良時代にも、『風土記』によれば出雲国には三九九社の神社が記載されている。ただし、島根郡の神社については『延喜式』などを参考に補っており扱いが難しい点があるが、奈良時代においても出雲国では国家が公認した神社（官社）の数が多かったのは間違いない。

神社社殿の成立

神社は自然に発生したものではなく、天武朝に成立する神祇政策である官社制との関わりのなかで社殿を構えた神社が造営されたとみる意見が有力視されている。社殿が必要とされた理由を、七世紀末から八世紀における都城《とじょう》、交通路、寺と同じく、施設を視覚的に荘厳とし卓越化しようとする礼的な発想に求められる意見もある。神祇政策を律令国家形成のなかで、律令祭祀具である木製形代《かたしろ》・斎串《いぐし》を用いた祭祀の普及は孝徳朝の難波宮《なにわのみや》を原点とし、七世紀後半には各地に広まり、神社の造営とも関係すると考えられている。

古代における神社の社殿そのものも、調査によって知られるようになってきた。出雲国内では出雲市の青木遺跡、杉沢《すぎさわ》Ⅲ遺跡においてみつかっており、奈良時代に建築物として神社が成立していたとみられる。一方で、考古学的に神社の認定、その年代を明らかにすることは難しい。天平五年時点において、『出雲国風土記』によれば数多くの社があったと理解できる。出雲国内において青木遺跡でみられたような社殿が造営されたのは、律令国家形成過程である天武・持統朝以降の神祇政策の一貫であったとみられ、そうした政策の施行は国司が中心に推し進めたものであったと考えられる。

青木遺跡は神殿群か

出雲郡条「美談郷。郡家の正北九里二百四十歩（五・二キロ）の所にある。所造天下大神の御子、和加布都努志命《わかふつぬしのみこと》が、天と地が初めて分かれた後に天御領田《あめのみた》の長としてお仕えなさった。その神が郷の中に鎮座していらっしゃる。だから、御田《みた》を見る神の意で三太三という。〔神亀三年に字を美談と改めた。〕この郷

図32　青木遺跡の復元模型（島根県立古代出雲歴史博物館所蔵）

には正倉がある」

出雲市青木遺跡に奈良時代の神社社殿があったとみる説が有力視されている。その一方で、郡家のところで紹介したように、出雲郡美談郷に「正倉あり」と記された出雲市平田町美談付近にあり、青木遺跡は神社遺構としてだけではなく、官衙と宗教施設が一体となったものとみている。

島根県教育委員会が中心となって製作された青木遺跡の模型では、発掘調査でみつかった建物群を神社の社殿として、総柱の高床建物五棟が丹塗《にぬ》りの神殿として復元されている（図32）。現在、神社にいくと境内のなかに本殿のほかに小さな社がいくつも置かれていることを目にすることが多い。奈良時代の青木遺跡は、神社の社殿群となっていたのである。青木遺跡は道路幅の調査であり、その外側の未調査部分にもまだ別の建物などがあったはずで、総柱の高床建物も五棟にとどまらず、高床の神殿が林立していたことになる。

青木遺跡の建物群を神社の社殿群とする根拠の一つは、『出雲国風土記』である。出雲郡の三つの郷（漆治《しつぢ》郷・伊努《いぬ》郷・美談郷）の郷名由来は他郡にみられない記載となっている。「神が郷の中に鎮座していらっしゃる」とあり、人々が生活する空間のなかに神社として祀られていると考えられている。こうした記載を示しているのが、青木遺跡の建物で神社の社殿群と理解されている。発掘された社殿の平面形が「田」の字形の九本柱で「大社造」に共通することも注目され、出雲大社（杵築大社）との関係性、出雲国造と出雲郡内の氏族との関わりも推定されている。

現在では、神社と県庁や市役所の建物を見分けることは難しいことではないが、古代においては簡単ではない。青木遺跡でみつかったような礎石建物を含む総柱建物が建ち並ぶ遺跡が、出雲以外の地域でみつかったような場合、官衙と宗教施設が一体となり総柱建物の多くは高床倉庫と理解するだろう。出雲市の青木遺跡は美談郷に設置された正倉付近と推定され、全国各地の官衙遺跡で明らかになっているように、官衙は役所としての施設だけで存在するのではなく、仏教や神祇祭祀に関わる宗教施設とも混然一体となっていたことを示しているものとみてきた。青木遺跡の総柱建物の一つは神殿だった可能性があるとみていたが、神殿五棟が林立する模型には驚いた。

現地には、石を貼った基壇上に目隠し塀をともなう総柱建物（Ⅳ区のSB03）が柱で復元されている。毎年、フィールド学習で学生と見学する機会があり、この復元された総柱建物については神殿の可能性があると話している。一方で、考古学的には神殿と高床倉庫を識別することは、そう簡単ではないとも説明している。すぐ近くには聖性を帯びた石敷きの井泉や果実埋納土坑があり、この総柱式の建物は神殿で間違いないと思われるかもしれないが、古代の官衙は祭祀と密接に関わっており、神殿かクラかを判断するのは容易ではない。

礎石建物の評価

青木遺跡を理解する上では、神殿に復元された総柱式の掘立柱建物五棟だけでなく、礎石建物も注目される。西側でみつかっているⅠ区の礎石建物二棟である。こうした礎石建物は執務施設・管理棟として理解され、すぐ西側の総柱建物二棟は丹塗りの神殿に復元されている。礎石建物の一棟は、掘込地業を行った側柱式の礎石建物となり、付近から出土した鉄鋲《てつびょう》に赤色顔料が付着していることから、丹塗りされていたらしい。ただし、丹塗りされているからといって、神殿や寺の宗教施設とは限らない。発掘調査によって鎌倉時代の出雲大社（杵築大社）の本殿は丹塗りされていたことがわかっているが、クラも丹塗りされる場合がある。また、周辺からまとまった木簡群が出土し、出挙に関わる可能性も推定されている。ここでみつかった礎石建物は側柱式であり、高床倉庫だったかどうかははっきりしないが、版築地業を行った堅牢な構造で稲穀などを収納するためだったためかもしれない。側柱建物は外回りに柱を立てたもので、通常は事務棟や稲穂を束ねた穎稲を収納した施設として使われる。礎石建物二棟についても神社の関連施設とみることが有力視されているが、考古学的にはクラの可能性も排除できない。

古代において、寺を除くと礎石建物は地方で採用されるのは官衙施設であり、豪族の居宅や集落で採用されることはほとんどない。出雲国府でも、礎石建物は国司館で八世紀後半になって採用されている。郡家の場合は、政務・儀礼施設の郡庁や実務的な施設が礎石立ちとなることはきわめて稀である。その一方、八世紀中頃以降に高床式の正倉は礎石立ちとなる例が多く、これは重い稲穀を納めるためである。全国的にみて郡家でも、正倉以外で奈良時代に郡庁や実務的な施設で礎石立ちとなっている例を知らない。出雲大社の本殿も礎石立ちとなるのは、鎌倉時代になってからである。青木遺跡でみつかっている礎石建物が神社の関連建物であれば、いかに特殊かがわかるだろう。

青木遺跡の礎石建物を考える手がかりは、雲南市郡垣遺跡にある。出雲国の郡家では、大原郡家（郡垣遺跡）と出雲郡家（後谷遺跡）で礎石建物がみつかっている。青木遺跡と構造が似ているのが、郡垣遺跡の礎石建物である。郡庁があった場所の上に、総柱式と側柱式の礎石建物が建てられ、稲穀を収めた正倉（推定）となっている。郡垣遺跡でも総柱式と側柱式の礎石建物が建っていたのである。総柱建物は高床倉庫とみてよいだろう。郡垣遺跡でみつかっている側柱式の礎石建物についても、柱と柱の距離が短く堅牢な構造で儀礼や実務的な建物とは思えない。稲穀を収納していたのであろう。郡家の正倉で、礎石建物は総柱式の高床倉庫となっている例がほとんどのなかで、出雲国では郡垣遺跡と青木遺跡で側柱式の礎石建物となっている。総柱建物とともに構成されている点からみると、稲穀を収納した正倉の可能性もあるだろう。青木遺跡が発掘調査されてから、奈良時代にさかのぼる神社の代表例として扱われ、今の出雲大社本殿と同じように、九本柱の総柱式の掘立柱建物は神殿の代表例として考えられている。近くに置かれた礎石立ちの建物群もその付属施設と理解されている。

これまで礎石立ちという点から青木遺跡の性格を検討する視点はなかったように思うが、

全国的には国府でも奈良時代の後半になって採用される場合が一般的である点を含めてみていく必要がある。神社に関わる建築としては伝統的な掘立柱建物がふさわしく、大陸風の礎石建物はそぐわない。

青木遺跡の位置は、『風土記』に、美談郷に「正倉あり」と記載された付近にあたる。青木遺跡の建物群については、『風土記』に記された美談郷の正倉の一部も含まれており、各地の官衙遺跡でみられるように官衙と宗教施設とが一体となった遺跡群として理解しておきたい。

出雲国の道と景観

姿を現した正西道

律令国家と五畿七道

律令国家は全国を五畿七道に区分し、地方支配のために都と国府《こくふ》を結ぶように道路を設けた。五畿は山城・大和・河内《かわち》・和泉《いずみ》・摂津《せっつ》国でこれを畿内といい、七道は東海・東山・北陸・山陰・山陽・南海・西海の諸道で地域名称とともに、都から延びる道路の名称でもあった。山陰道に所属したのは、丹波・丹後・但馬《たじま》・因幡《いなば》・伯耆《ほうき》・出雲《いずも》・石見《いわみ》・隠岐《おき》国であり、都をつなぐ道路が設けられた。各道は、その重要性から大路（山陽道）、中路（東海・東山道）、小路（山陰・西海・南海・北陸道）に分けられた。緊急時には、早馬を飛ばして情報の伝達を行った。都から出雲国へ続く山陰道は、『出雲国風土記《ふどき》』に正西道《まにしのみち》と記載されている。

正西道

巻末記「出雲国に東の堺から西に行くこと二十里一百八十歩（一一キロ）で、野城《のぎ》橋に至る。橋の長さは三十丈七尺（九一・二メートル）、広さは二丈六尺（七・七メートル）ある」

出雲国の場合は『風土記』に、駅家《うまや》の位置がわかるように記されているので古代駅路や駅家の研究に有益となっている（図33）。駅路である正西道（山陰道）のほかに、国府と郡《ぐう》家《け》、郡家と郡家をつなぐ交通路も記載されており、出雲国内に網の目のように道路網が設けられていたことを知ることができる。

『風土記』に記載された正西道は、都側の東から西の順で書かれている。まず、出雲国の東の堺から一一キロで、野城橋にいたるとある。次に、出雲国府の説明でも取り上げた、「国庁《こくちょう》・意宇《おう》郡家の北の十字街《じゅうじのちまた》に至る」とあり、道は十字街から正西道（山陰道）と枉北道《きたにまがれるみち》の二つに分かれて進む。枉北道を進むと、朝酌渡《あさくみのわたり》で渡船が一隻あり、島根郡家を経て隠岐への渡しである千酌《ちくみ》駅にいたることになっている。それぞれ地点間の距離も詳しく記載されており、十字街から千酌駅までは一七里一八〇歩（九・四キロ）となっている。

一方、正西道は、十字街から西に進み、玉作《たまつくり》街で正西道と正南道の二つに分かれ、正

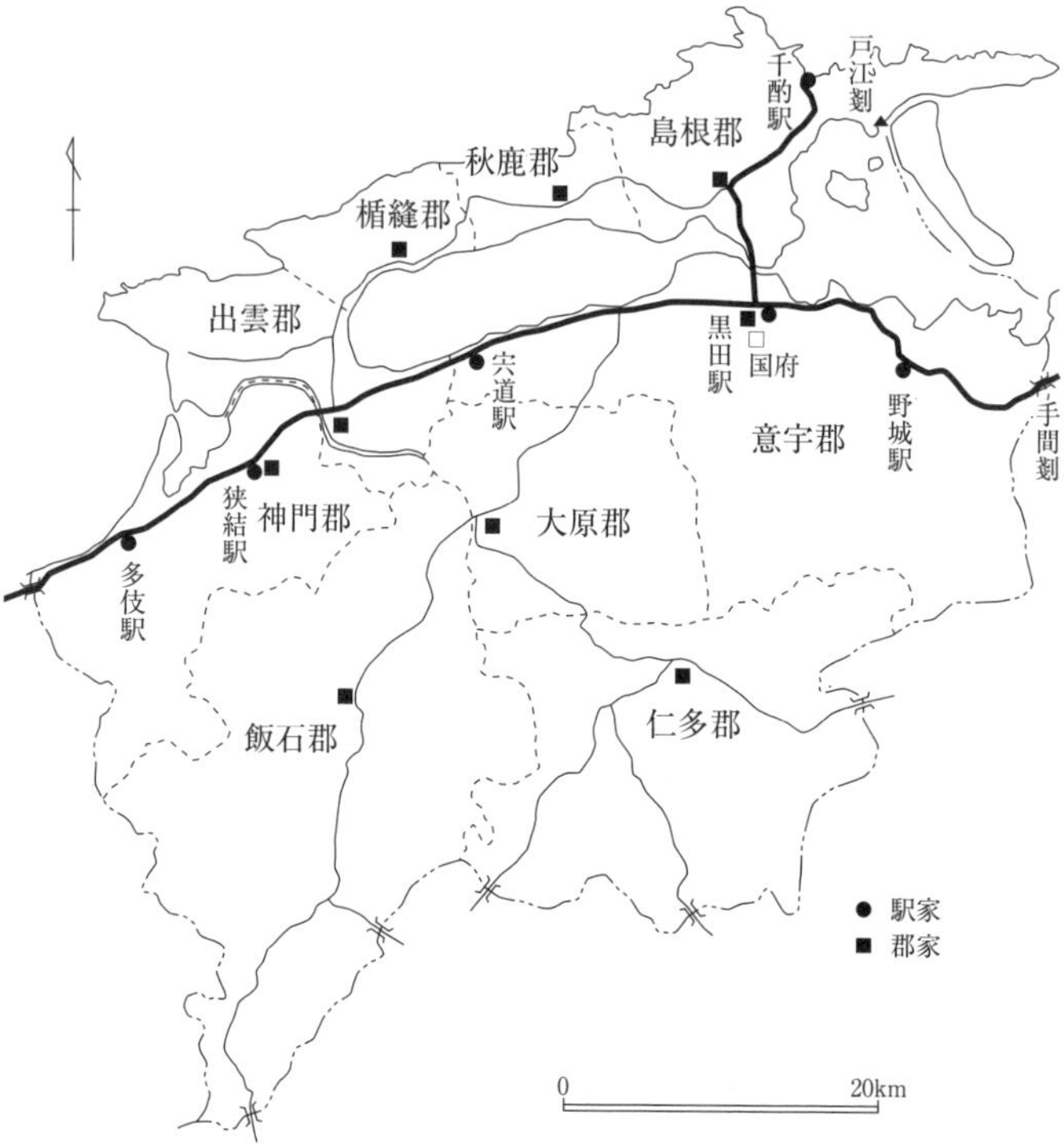

図33　出雲国内の遺跡と駅家

南道は大原《おおはら》郡家のところで南西道と東南道に分かれ、南西道は備後《びんご》国三次《みよし》郡に向かう。東南道は、さらに仁多《にた》郡家で分かれて、伯耆国、備後国へと進む。

玉作街から西に行く正西道は出雲河（今の斐伊川《ひいかわ》）を越えて神門《かんど》郡家にいたり、石見国の国境である西の堺に達し、その距離は「国庁からの路程は一百六里二百四十四歩（五七・一キロ）」とされている。

また、道路沿いの川には渡しのほかに、橋の記載もあって長さや幅もわかる。正西道の飯梨川《いいなしがわ》にかかる野城橋は、長さ三〇丈七尺（九一・二メートル）、幅二丈六尺（七・七メートル）、野代《のしろ》橋は長さ三丈（一七・八メートル）、幅一丈五尺（四・五メートル）、来待《きまち》橋は長さ六丈（一三・八メートル）、幅一丈三尺（三・九メートル）、それから枉北道の佐太川《さだがわ》に架かる佐太橋は長さ三丈（八・九メートル）、幅一丈三尺（三・九メートル）となっている。こうした橋そのものは調査されていないが、橋脚を備えた橋が主要な川のいくつかに架けられていた。野城橋は、特に長大で長さは九〇メートルを超え、幅も七・七メートルあった。

古代の橋は、藤原京・平城京などの都で多くみつかっている。都以外では、琵琶湖から流れ出る瀬田川《せたがわ》にかかる勢多橋（滋賀県大津市）の基礎部分がみつかっている。六七二年に大海人《おおあま》皇子と大友《おおとも》皇子が皇位継承をめぐって起こした、壬申の乱の舞台ともなった橋であり、すでに七世紀後半に大規模な橋が建設されていたことが知られる。よく似た構造をもつ橋は朝鮮半島にあった、新羅の都である慶州でもみつかっており、半島の技術との関わりが考えられている。

『出雲国風土記』に記載された橋の構造はわかっていないが、当時、都から諸国に延びた駅路が川を渡河する地点には、船で渡るだけではなく大規模な橋がかかっていた場合もあった。山陰道である正西道の幅は記載されていないが、野城橋の幅二丈六尺（幅七・七メートル《メートル》）からみて橋の幅と同じか、それ以上であったことが推定されていたが、発掘調査によって九メートル《メートル》程度の幅が広い直線道路であったことが明らかになっている。

駅路と駅家

巻末記「東の堺より西に行くこと二十里一百八十歩（一一キロ）で、野城駅に至る。また、西に二十一里（一一・二キロ）で黒田《くろだ》駅に至る。ここで分かれて二つの道となる。（一つは正西道、一つは隠岐国に渡る道である。）隠岐道は、北に行くこと三十四里一百四十歩（一八・四キロ）で隠岐渡、千酌駅に至る。また、正西道は三十八里（二〇・二キロ）で宍道駅に至る。また、西に二十六里二百二十九歩（一四・三キロ）で狭結《さよう》駅に至る。また、西に一十九里（一〇・二キロ）で多伎駅に至る」

律令国家は、地方支配のために都と地方を結ぶ駅路沿いには、原則として三〇里（約一六キロ）ごとに駅家を置いた。駅家は、緊急情報の伝達などにあたる駅使らに駅馬や食事を提供する、通信や宿泊施設として機能した。駅家ごとに置かれた駅馬の数は、大路の山陽道が二〇匹、中路の東海道と東山道では一〇匹、そのほかの山陰道・西海道・南海道・北陸道は小路とされ五匹ずつと規定されていた。駅家は律令の施行細目を定める『延喜式《えんぎしき》』という平安時代の文献に記載されている。

出雲国内には、東西に走る正西道沿いに五駅と隠岐への一駅あわせて六駅が置かれていた。駅家の推定位置はほぼわかるのだが、残念ながら施設そのものはみつかっていない。そのなかで、『風土記』に「狭結駅。郡家と同所にある。」とあり、駅家は神門郡家と同じ場所にあった。郡家は神戸川左岸の古志本郷《こしほんごう》遺跡（出雲市古志町）でみつかっている。その西側に、正西道は走っていたようで、付近からも掘立柱建物群がみつかっており、こうした建物の一部は駅家の施設だった可能性もある。

杉沢遺跡の正西道

ここでは、掘り出された正西道の実態をみておくことにする。

発掘調査によって、駅路は奈良時代には幅が九～一五メートルと広く、平安時代に入ると六メートル程度に狭まる傾向があることが全国的に知られている。かつて古代の道路は道幅が狭く地形に沿って曲がりくねった道と考えられていたが、各地の発掘調査で大規模な直線道であることが明らかになっている。道幅が広い理由は大量の軍隊を迅速に移動させるためと、国家の威信を示すためである。一方で、平安時代に道幅が六㍍程度になることは、広い道路の維持管理が困難なために縮小したとみられる。官道である駅路は直線にこだわった道路であり、低い丘陵は切り通し谷を埋めることが特徴である。

出雲国内を通過する山陰道についても、幅が九㍍ほどの広い道路であることが発掘調査で明らかになっている。松江市斐川町松本古墳群でみつかった山陰道跡は丘陵を切り崩して直線を志向し、幅は一〇㍍ほどあった。

出雲市斐川町杉沢《すぎさわ》遺跡でみつかった山陰道もそうした特徴をよく示している。出雲市杉沢遺跡では、工業団地の開発に先立つ発掘調査によって尾根上を大規模に造成してつくられた幅九㍍ほどの山陰道跡がみつかっている（図34）。ここは『出雲国風土記』に「神名火山」と記された仏経山《ぶつきょうざん》（標高三六六㍍）の北麓にあたり、西に進むと出雲郡家の後谷《うしろだに》遺跡・小野《おの》遺跡にたどり着く。銅剣三五八本の出土で知られる荒神谷《こうじんだに》遺跡が近くにあるといった方がわかりやすいかもしれない。

発掘調査前から、ここには筑紫《つくし》街道と呼ばれる道路の伝承が残り、近世の村絵図に東西方向に延びる道は「筑紫海道」と記載されていた。道路は尾根頂部を削り斜面部に盛り土

図34　杉沢遺跡の正西道跡（出雲市提供）

を行い、平坦面を造りだしていた。道路には側溝を設け路面に堅い砂質土を敷き、その下には長さ約二～四メートルで幅二〇センチの溝が約七〇センチ間隔で設けられていた。この溝は、道路の路盤工事でよく用いられる「波板状凹凸面」とよばれるものである。出土土器から奈良時代にさかのぼる道路跡である。現地で、この波板状凹凸面が続いているのをみて、これが

『風土記』に正西道と記された山陰道であることを確信した。杉沢遺跡の北東側に宍道湖《しんじこ》が広がり、わざわざこうした丘陵を大規模に造成しなくても、もう少し低いところを道路にすればよいと思う場所であった。古代に宍道湖沿いは安定した地盤でなかったことも一因かもしれないが、古代道の研究者が指摘するように、大規模な直線道路を全国に張りめぐらせた目的の一端が軍用道路であったことを示すように思えてならない。

木下良は、古代の駅路には軍用的な意味が強いと説いた。その理由として、もともと古代では中央官庁の兵部省という、軍事を司った役所が道路を管轄している点から、古代の駅路は軍事道路的な意味が強いと考えていた。杉沢遺跡の現地に立つと、尾根道であるために非常に眺望が良い。一方で、宍道湖寄りの低地を通した場合、谷間の道となり挟撃されやすいことがわかる。興味深いことは、杉沢遺跡の道路としての役割が中世以降に続かないことであり、この付近では中世以降は尾根道を通らなくなる。

歴史地理学者の木本雅康は、杉沢遺跡で明らかになった尾根道を通した道路のつくり方は、中国において秦の始皇帝が北方の匈奴《きょうど》に対してつくらせた軍用道路である直道に似ているとし、道路工法について世界的視野でみる必要性を説く。秦の直道は司馬遷《しばせん》の『史記』に出てくる道路で、「塹山埋谷」、すなわち「山を塹《ほ》り谷を埋める」と表現されている。

その工法は、尾根の一番高いところではなくて、少し下の部分を切って、その掘った土を谷の方に張り出すように埋めるというものであり、規模は異なるが杉沢遺跡でみつかった道路も同じようなつくりであった。現在、出雲市では杉沢遺跡の古代道路跡について、公園計画が進められている。近い将来、尾根道を走る山陰道を歩くことが可能となるはずである。眺望の良さや道路工法についてもみてもらいたい。

官道と国府・駅

駅家と官道の成立

出雲国内に設けられた駅とそれを結ぶ官道である山陰道についてみていく。『出雲国風土記』に正西道と記載された山陰道も、杉沢遺跡で紹介したように大規模だった。こうした直線道路の駅路が設けられた時期についてはいくつかの説があり、大きくみると七世紀後半でも早い天智朝説と末頃の天武・持統朝説とに分かれている。

道路の設置時期については、駅家の設置と直線的で規格性の高い駅路の設置時期を分けると理解しやすいと考えている。駅家の設置は、『日本書紀』壬申の乱記事（六七二年）に出てくることや『上野《こうずけ》国交替実録帳』庚午年籍《ねんじやく》（六七〇年）に駅家戸の記事があり、天智朝の七世紀第3四半期には駅家をつなぐ駅路は広く設置されていたとみられる。その一方、考古学的には幅九メートルを超える大規模な直線道路については、七世紀末頃を大きくさかのぼって全国的に広く設置されたとみることは、発掘調査成果から難しい。

まず、七世紀第3四半期に駅家は古墳時代以来の畿内と諸国を結ぶ主要道路沿いに設けられ、順次、全国的に直線で幅広い大規模な駅路が整備されたと考えられる。全国的な駅路建設と駅家の設置は天智朝の七世紀第3四半期から構想・施行され、畿内周辺や都と大宰府を結ぶ山陽道などの重要道路はいち早く敷設されたとみられるが、これまでの考古学調査によれば七世紀第3四半期に大規模な直線的な駅路が七道すべてに敷設された状況はない。大規模な直線道路が都を中心に七道として全国的に整備されたのは七世紀末から八世紀初頭頃まで下るようであり、天智朝以降、段階的に進み天武朝の国境確定とそれにともなう国府設置、郡家の整備などの地域支配強化と連動して達成されたのであろう。

実際に、道路の発掘調査に携わる調査担当者の頭を悩ますのは、道路の建設時期を明らかにすることが難しい点である。道路という性格上、時期を示す土器が出土することは稀である。これまでに何度か古代道路跡を調査したが、土器がほとんど出土せず、いつ頃につくられたものであるか、正確にはわからない場合が多かった。杉沢遺跡でみつかった、幅九《メートル》ほどの大規模な古代山陰道の調査でも、ごくわずかな土器が出土しただけであり、その建設がいつ頃に行われたかはよくわかっていない。因幡国の青谷上寺地《あおやかみじち》遺跡や青谷横木《あおやよこぎ》遺跡（鳥取市）では、道路の路盤のなかから八世紀頃の土器がまとまって出土し、その頃に直線的な駅路としてつくられたことが明らかにされている。現状では、直線的で大規模な正西道（山陰道）の建設は、出雲国庁が成立する時期とほぼ同じ頃のようである。

国府をはじめとする官衙《かんが》設置と大規模な直線道を特徴とする古代道路の関係については、出雲国府が駅路分岐点の十字街に位置する事実から、先に大規模な駅路が整備され後に国府が設置されたとみるのではなく、官道の整備は前述した黒田駅の移転記事からうかがえるように出雲国府設置を契機として進められた官衙整備とも関わる一連のものと考えている。

正西道と条里地割

出雲国府の研究史で述べたように、他の国府と同じく出雲国府も平城京のように方形でなかは碁盤の目のように道路で区画されていたと考えられていた。その方格地割説の根拠の一つともなっていたのが、意宇平野に残る条里地割であった。

出雲国府が置かれた意宇平野には条里制が施行されている。米倉二郎らは、意宇郡の条里の一条を真名井《まない》神社参道と考え、条里の東西基準線は小字名の大縄手、縄手添によって平野西端の団原《だんばら》丘陵の中央と平野の東端、出雲郷の大本部落の丘陵北端を結ぶ線と想定し、この線が平野の中央を東西に通り『出雲国風土記』道度の条にみえる郡家・国庁北の十字街や正西道がこの線にのると想定した。その上で、条里地割にのる方八町の正方形または南北六町・東西一一町の長方形とする国府域案を示した。後に、条里の東西基準線が条里余剰帯で山陰道（正西道）の痕跡を示すことが明らかにされ、正西道は意宇平野を中心に直線道路として一〇キロ以上にわたって作道されていることが知られている。

かつては、意宇平野の条里制と古代山陰道との関係を含めて、条里制のなかで国府諸施設が設定されたとみる意見が有力だった。現在は、出雲国府や出雲国分寺の調査が進んだ結果、意宇平野の条里地割と国府の諸施設の方位については違いがあることが明らかになっている。国府や国分寺が正しく東西南北（正方位という）を向いて施行されている一方で、条里地割は正西道を基準として施行されたために、三度程度の振れがあり、国府や国分寺と条里地割はその原理が異なる。要するに、出雲国府や国分寺の建設にあたっては条里とは無関係で行われており、出雲国府には条坊《じょうぼう》的な方格地割も認められない。

出雲国府の展開する意宇平野の開発は奈良時代前から行われており、弥生時代から古墳時代にかけては河川や地形などの自然規則に依存したあり方からはじまり、古墳時代中期以降には意宇川の流路自体も南側に移す水系の大規模な改変がされていたらしい。その後、七世紀後半以降に出雲国府が設置され、正西道と隠岐道が整備され、その要衝地の十字街付近が官庁街となっていったようである。これ以降、国府や国分寺などの諸施設は、都《と》城《じょう》にならって明確に方位を意識して建設されていくことになる。意宇平野に残る、条里地割は出雲国府が形成されるなかで、正西道を基準として施行されていくが、官衙施設や国分寺は、特に条里地割の影響を受けることはなかった。

意宇平野は、出雲国府跡としてだが、国指定史跡となっている条里である。かつては条里と出雲国分寺や出雲国府の振れが同じで関わりがあるとみる説もあった。しかし、実際は参道である天平古道と周囲の条里地割との振れは確かに異なり、三度程度であったことは先述のとおりである。出雲国分寺や国府と条里の振れは異なっていたのである。

意宇平野の条里と国府施設の関係については、振れが異なる点からみて直接的に関係するものではない。条里の施行時期は正西道が基準線となっている事実から、道路施行と同時か遅れる。国分寺とその南に延びる道路の方位の違いからみて、意宇平野の条里制は国分寺に先行して施行されているが、その時期を明確にすることは難しい。

平城京では、その周辺の奈良盆地一帯に敷かれた条里制を大和統一条里とよぶ。平城京は大和統一条里を壊しており、条里は平城京に先行して七世紀末頃までに施行されたと考えられている。一方、地方において条里制がいつ施行されたかは実際には不明な点が多い。駿河《するが》国にあたる静清《せいせい》平野では条里の広域施工が律令期当初の七世紀末頃までさかのぼり、その基準線になっていたのが駅路の東海道である。こうした例を参考にみると、出雲国府が置かれた意宇平野についても、国府が設置され正西道が設けられた七世紀末頃には平野全体でないとしても部分的に条里地割は施行されたのであろう。

出雲国府と条里地割

出雲国府と条里や官道との関係をみると、出雲国府の施設はほぼ正方位を向くが、駅路である官道の正西道・枉北道はおよそ三度北で東に振れている。官衙が正方位を志向するのは普遍的なあり方である。意宇平野では正西道が基準線となって条里施行がされているが、正西道は可能な限り直線を志向し、官衙と異なり正方位を原則とするものではない。

官衙施設と正西道の設置計画が異なる点から、出雲国府と直線道路の正西道の時期的な関係は不明である。前述したように、出雲国庁の建物変遷をみると、当初設けられた建物は斜め方位をとり正西道とは逆に北で西に大きく振れており、これは地形によったと考えられる。国府創設期の施設と官道との振れの違いは大きく、国府創設前に規格性が高い官道の正西道が設置されたことを推定することは難しい。

正西道の創設時期を考える上で、国庁から北に延びる隠岐道が手がかりの一つとなる。天平五年（七三三）に枉北道と正西道が十字街となっていることが、『風土記』からわかる。一方、国庁は斜め向きの官衙建物（初期の国庁）を建て替えて、七世紀末頃に正方位の国庁として成立する。この正方位の国庁東辺に沿って十字街から南に進入路が延びていると推定されており、十字街と国庁の整備は深く関わることがわかる。『出雲国風土記』に記載された「十字街」の形成は七世紀末頃だったと理解できよう。

意宇平野において直線道路の正西道（山陰道）は、国庁建物が正方位となる七世紀末頃に国府設置と同じ頃に設けられ、条里地割も官道を基準にして部分的に施行されたのであろう。

国府の十字街

『出雲国風土記』に記された国庁の北側に「十字街」があり、そこから国庁に向かう進入路があったのは出雲国府だけの特徴ではなく、全国の国府で共通するという説は、木下良によってだされている。『出雲国風土記』の記事に黒田駅をわざわざ「十字街」近くに移している点も踏まえて、国府と駅家とは原則として同所に置かれたと理解した。その上で、国府は駅路のような官道の分岐点にあたる「十字街」を基準点に設置され、そこに駅家も配置されていたと考えた。

現在、全国的に国府（国庁）には、そこに向かう分岐点の「十字街」が設けられ、近くに駅家が置かれていたことが多いとみられている。その根拠となっている『出雲国風土記』に記された「十字街」記事であるが、まだ「十字街」付近で確実な道路遺構はみつかっていない。現状は、すでに紹介したように細い農道の交差点が「十字街」の痕跡とみられているだけである。他の国府についても、残念ながら国府近くに「十字街」が想定される一方で、考古学的に発掘調査によって確認された例は知られていなかった。

備後国府の山陽道分岐点

最近、備後国府近くで分岐点がみつかり、駅路の山陽道から国府中枢部に向かう進入路とみられる道路遺構が発掘調査によってはじめて明らかにされた。

備後国府は、『和名類聚抄《わみょうるいじゅしょう》』に葦田《あしだ》郡にありと記され、府中市教育委員会を中心とする発掘調査によって葦田郡内にあたる広島県府中市街地に設置されていたことが判明している。国府域は、東はツジ遺跡から西は伝吉田寺までの東西約一キロにわたって、元町を中心とする市街地に官衙施設や寺院が展開し、その南側に東西に走る山陽道が推定されていた。最近、国府南方の鳥居地区の発掘調査によって、山陽道とそこから分岐して国府中枢部に向かう古代の道路跡がみつかった。これまでも都から大宰府に向かう山陽道の道路跡については、各地でみつかっていた。その一方で、山陽道諸国の国府そのものの実態は不明で、中枢官衙施設が確認されているのは美作《みまさか》国府と備後国府だけであり、国府の「十字街」や付近に置かれたと推定される駅家なども不明な状況にあった。

こうしたなか、備後国府跡鳥居地区において、山陽道が想定されていた場所で東西方向に延びる大規模な道路跡（幅一二メートルほどか）と、そこから北側の国府中枢部に向かう幅六メートルほどの道路跡が分岐している地点が発掘調査によって明らかにされた。山陽道の南側は調査がされておらず、分岐点がT字路か、十字路かはわかっていない。

この分岐点から北にまっすぐ延びる道路は、北方六〇〇メートル付近の備後国府跡の砂山地区に向かう。砂山地区は国司館《こくしかん》であるツジ地区のすぐ西側にあたり、奈良時代中頃の瓦がまとまって出土し、国庁が想定されている。おそらく下野《しもつけ》国府で明らかにされたように、鳥居地区の分岐路は国庁に向かう道路であろう。備後国府の場合も出雲国府と同じく、周辺の官衙施設や寺院は正しく東西南北を向いている一方で、周辺の条里地割は山陽道を基準とし、やや傾いていた。今回、備後国府でみつかった山陽道は条里地割と同じ方位をとっていたが、そこから分岐する進入路は北方の官衙施設と同じく正方位をとっていた。そのため、分岐点はきちんとしたT字形ではない点も興味深いところであった。

筆者は備後国府の現地で山陽道と国府への進入路をみて、故木下良先生が待ち望んでいた『出雲国風土記』に記されたような国府の分岐点だと思った。山陽道そのものは木下先生が想定した位置でみつかっている。木下先生には三〇年以上前になるが、筆者も関わった下野国府跡（栃木県栃木市）の発掘調査において、現地で道路をはじめとする歴史地理学的な指導をお願いしていた。下野国府では、国庁南門から幅一二メートルの南大路が南へ三五〇メートルほどまっすぐ延びており、道路沿いには官衙施設が設けられ西側には掘立柱塀で区画された国司館もみつかっていた。南大路は、さらに南方に延び国庁中心から約四町（約四五〇メートル）離れた、今の栃木市と小山市の行政界になっているところで、東山道（推定）に接続するとみられていた。木下先生は、両市の行政界に東山道を推定し、国庁から南に延びる南大路と十字街になっており、奈良時代には駅家も付近に設けられていたと考えられていた。そのため、国府と東山道との関係を明らかにするために十字街推定地区の発掘調査が要望された。残念ながら、国庁と東山道の「十字街」推定地区の発掘調査は行われることはなかった。現在、下野国府は国史跡となって国庁の前殿などが復元されており、その国庁から南方をみると携帯電話の電波塔が畑のなかに建っているのがみえる。そこが十字街付近である。

長年にわたる国府研究のなかで考古学的な確認が求められてきたのが、『出雲国風土記』に記された分岐点の「十字街」であった。まだ、出雲国府では考古学的には不明であるが、備後国府でようやく実態が明らかにされた。鳥居地区については、府中市によって備後国府跡を「まちづくり」に活かすなかで公園とする計画が進んでおり、山陽道と国府中枢部への進入路の分岐点が整備される予定となっている。ぜひ現地で国府の分岐点の様子をみていただきたい。

国府設置と駅路

日本における直線的な道路は、まず大和と河内において成立した。奈良盆地を南北に走る上・中・下の三道は、横大路上においてそれぞれ二・一キロの間隔になっており、計画的に施行されている。こうした大和と河内の直線道路網は六世紀末から七世紀前半に建設されたという。平城京が設置される前に、すでに奈良盆地には上ツ道、中ツ道、下ツ道と呼ばれるような直線的な道路が設けられ、条里地割が施行されていた。

意宇平野において、『風土記』に記されているような出雲国庁と意宇郡家の北側に正西道が東西に走り、枉北道と十字街をなす都市的景観が、どのような経過をたどって成立したか、八雲《やくも》立つ風土記の丘展示学習館の出雲国府模型をみるたびに考えてしまう。

平城京やその前の藤原京のように、先に直線的な幅が九《メートル》ある山陰道が設定されているなかに、出雲国庁をはじめとする国府の諸施設や郡家、駅家、軍団が設置されたとみていいのか、あるいは山陰道は出雲国府などと同時期か、後出するのだろうか。

すでに紹介したように、かつては『風土記』の記載にある、「至北十字街、国庁、意宇郡家」から、天平五年（七三三）時点において、国司は独立した国庁などの官衙施設をもたず、意宇郡家の施設を間借りするように執務していたとみる説が有力であった。現在では、『風土記』の記載から、こうした理解はできず、この天平五年時点において国庁と意宇郡家とはそれぞれ別の施設として独立していたとされている。

諸国で国府や駅路が律令国家の成立のなかで、どのように設置、整備されていったかを明らかにする上では、出雲国府が置かれた意宇平野の研究は重要である。出雲国府の研究は、『風土記』によって天平五年時点の姿がわかり、意宇平野の発掘調査によって施設の状況も解明されつつある点や、歴史地理学的によって山陰道の復元研究も行われており、全国的にみてもこれ以上ない研究環境が整っている。

意宇平野においてまず設置されたのは大規模な直線道路ではなく、出雲国庁の下層でみつかっている長舎であろう。この長舎は地形に沿うように斜め方位をとる。この場所が踏襲されて真北を向いた正方位の国庁となっていく点から、斜め向きの建物は初期の国庁としても機能し、都から派遣された国宰（後の国司）が拠点施設とした国宰所であろう。

斜め方位の長舎は建て替えもなく、それほど広い範囲に広がらないようであり、短期間だったとみられる。この後、同じ場所を踏襲して七世紀末頃に国庁が正方位として建て替えられ、周囲には同じ方位をもって実務的な施設や国司館などが設けられる。この時点において、山陰道と隠岐道も直線道路として建設され、十字街付近に意宇郡家、黒田駅家、意宇軍団が設置され、官衙群を形成したものと考える。都を結ぶ道路はそれ以前からあったが、『風土記』に記載された正西道はこの時点で大規模な直線道路として整備されたのであろう。

十字街は官庁街

巻末記「意宇軍団、郡家に属する」

これまでみてきたように、『風土記』によれば、出雲国府の「十字街」付近には「意宇郡家」「黒田駅」に加えて、「意宇軍団」が設置されていたことが知られる。現在、諸国の国府において、郡家のほかに駅家や軍団などの官衙施設が設置されていた根拠となる記事である。

木下良は、先に駅路と十字街があって、それを基準に国府が設けられたと考えていた。筆者は、出雲国府の場合、考古学的な知見も踏まえると、必ずしも国府よりも先に大規模な直線道路である山陰道や十字路が設置されていたとみなくてもよいと考えている。『風土記』には、意宇郡家の移転記事はないが、おそらく国府設置にあわせて、黒田駅に加えて意宇郡家や軍団も十字街付近に移し置かれたものであろうと憶測している。

出雲国府の設置を契機として、駅路の山陰道が整備され、十字街が官庁街になるというあり方は、他の国でもみられると考えている。実際には、それを示す例は多いわけではないが、常陸《ひたち》国府で似たようなあり方を示している。

『常陸国風土記』に、国府所在郡の茨城郡家と鹿島《かしま》郡家の移転記事がある。前述したように、常陸国府は、石岡市で国庁を中心とする官衙施設がみつかり、その創設は七世紀末頃であり、国府所在郡の茨城郡家（外城《とじょう》遺跡）も、その頃に移転しているとみられる。もう一つの移転記事がある鹿島郡家については、移転前の郡家は実態が明らかになっていないが、移転後の鹿島郡家（神野向《かのむかい》遺跡）の成立時期は八世紀初頭頃である。常陸国においても、茨城郡家、鹿島郡家の移転時期や位置からみて、七世紀末頃の国府設置にともない、それを契機として官衙の移転を含めた整備が進められたものとみられる。

『出雲国風土記』や『常陸国風土記』記事にみられる郡家の移転は、たんに官衙施設が移転したというだけでなく、国府が設置され行政の新しい支配システムに対応するために、交通体系の整備とともに郡家をはじめとする官衙施設が国府近くに設置されたことを示すと評価できる。

天平古道と三軒家地区

八雲立つ風土記の丘展示学習館にある、意宇平野における出雲国府の復元模型をみるたびに、よくできていると感心している。なかでも出雲国分寺は意宇平野の条里地割を壊し、国分寺創建の八世紀中頃以前に条里施行が行われたことがわかる復元となっている。条里は正西道（山陰道）を基準に施行されたとみられ、一方で、出雲国分寺は正方位を志向して真南を向いて建設されており、条里とは三度ほど振れが異なることが明らかである。意宇平野の条里地割が山陰道を基準に行われ、国分寺創建以降に条里地割の上に参道が造作されたことが一目瞭然となっている。

ただし、国分寺周辺の復元で疑問に思う一つは、出雲国分寺から延びる「天平古道」と呼ばれる参道が三軒家付近で突き当たりになり、正西道に直接、接続しないことである。この参道は、幅約六㍍《メートル》の礫《れき》敷の道路として発掘され、出雲国分寺の「附《つけたり》古道跡《こどうあと》」として

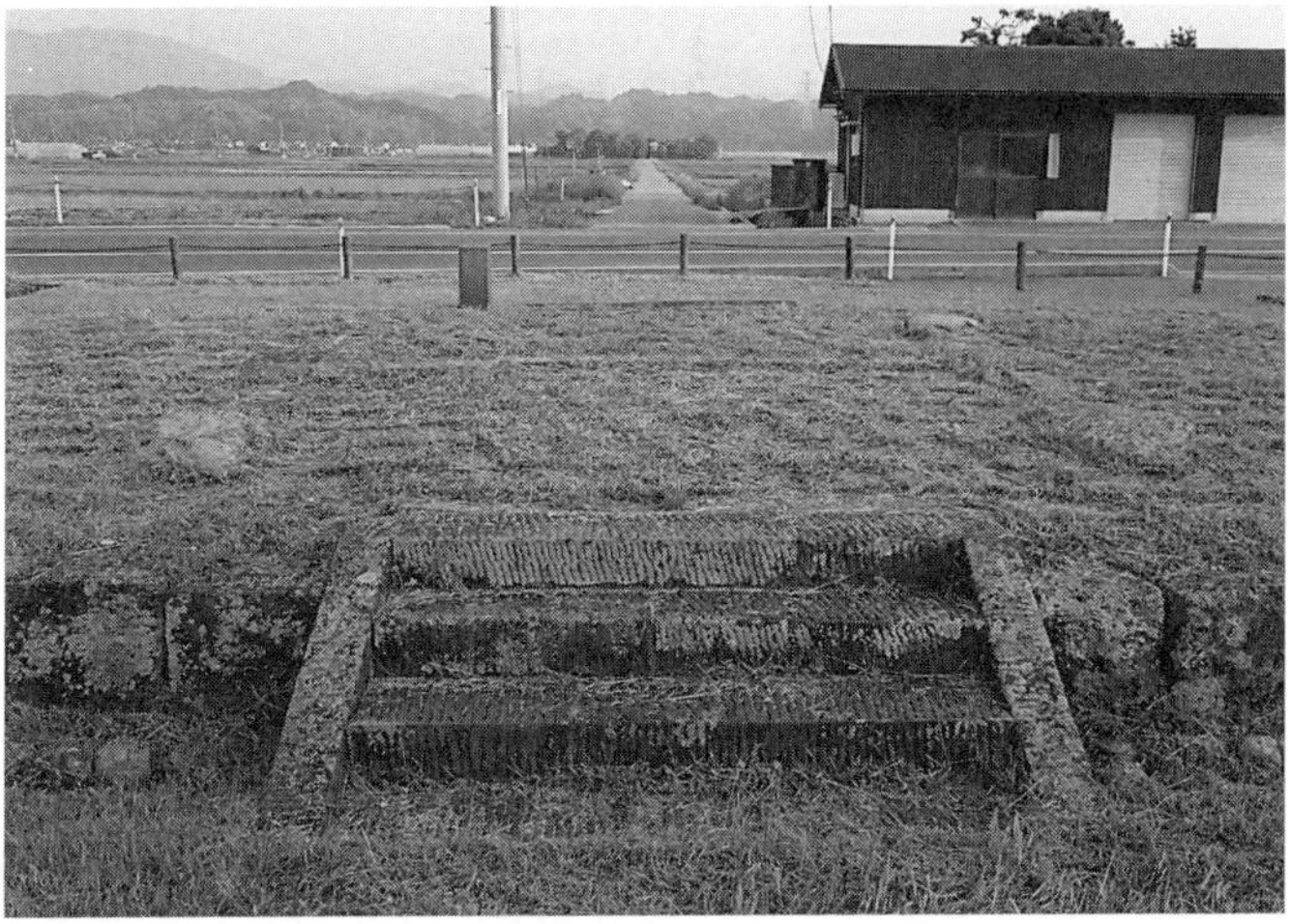

図35　出雲国分寺からみた天平古道

国史跡に追加指定されている（図35）。現在、天平古道をまっすぐ南に行くと、周囲の水田よりも三軒家の集落がやや微高地となり、ここで道は突き当たりになり、古代の山陰道が推定される地点まで延びていない。しかし、今と同じように天平古道がこの三軒家付近で突き当たりとなっていたのであろうか。都と出雲を往来する役人や人々にとって、出雲国府の意宇平野でもっともシンボリックな建物は、やや小高い丘陵裾に建つ出雲国分寺の七重塔をはじめとする堂塔であったろう。出雲国府を行き交うメインストリートである、山陰道からまっすぐ国分寺南門に延びる天平古道は、そうした威容を示す上でも必要であったと憶測したい。木本雅康も、国分寺の参道である「天平古道」は、そのまま南下して駅路と連絡していたとみている。国分寺が山陰道のような駅路に面して建立される場合、参道はまっすぐ駅路に延びて接続するとみた方が自然であろう。

古代道路の特徴は、大規模で直線を志向する点にあることはよく知られており、丘陵も迂回せず切り通して直線的に造作されており、各地の発掘調査によっても確認されている。前述したように、出雲国内でも松江市松本遺跡において丘陵を迂回せず切り通して直線的に通すように作道されている。また、『出雲国風土記』によれば、山陰道の野城橋は長さ九一・二一メートル、幅七・七メートルと大規模だった。やはり、三軒家付近は意宇川の旧河道があって湿地状になっていても盛り土などを行い、出雲国分寺から延びる「天平古道」は、正西道に接続していたように思われる。

現在、意宇平野では古代の山陰道は小道となって名残をとどめる一方、出雲国分寺参道の天平古道は三軒家で行き止まりとなっており、その先は水田と化している。天平古道と正西道が接続していたあり方が変わり、三軒家の南側が参道としての利用が途絶え水田と化したのはいつ頃かが、意宇平野の歴史を考える上で問題となる。

この手がかりは出雲国分寺の法灯がいつ頃まで続いたかと関わる。最近の研究によれば、出雲国分寺は古代末の一二世紀代まで続いていたことが明らかにされており、これ以降の中世から近世にかけて天平古道の三軒家地区南側においては道路としての機能がなくなり水田と化していったのであろう。

三軒家地区とは何か

三軒家地区は石田茂作が国庁所在地として推定していた地点である。石田は出雲国分寺南門からまっすぐ延びる天平古道沿いにあたる、三軒家付近の字名が「丁ヶ坪」で、この「丁」を国庁の「庁」と解釈した。後に、国庁は六所神社付近でみつかっていることから、ここに国庁は考えがたいが、その一方で、採集資料のなかに出雲国分寺創建期の軒平瓦があり、この一帯に官衙施設が存在した可能性が指摘されている。

出雲国分寺の瓦は、寺院のところで述べたたように、近くの出雲国分寺瓦窯跡群の製品であり、国府が直接、瓦生産に関与した国衙系瓦屋《がおく》である。こうした国府が瓦生産を行った瓦窯の製品が出土する、三軒家地区はどのような性格をもっていたのであろうか。これまでまったく発掘調査が行われていないために、建物などから考えることができない。一般に、国衙系瓦屋の製品は、国府と国分寺に供給されるほか、在地の有力者が建立した寺院のなかでも、定額寺《じょうがくじ》とされたような準官寺に供給されることが多い。出雲国分寺瓦窯跡群の瓦も、出雲国分寺と国府に供給されているほかに、国府近くの山代郷《やましろごう》南《みなみ》新造院《しんぞういん》（四王寺跡《しわじ》）と山代郷北新造院（来美廃寺《くるみ》）からも少量出土し、屋根の補修などに用いられている。

今のところ、次のような可能性がある。

A案＝国府の官衙施設。この場合、国庁を除くと、行政実務を執行する実務的な役所、国司が宿泊する国司館が候補となる。各地の国府で瓦葺き建物を採用する施設としては、まず国庁があげられる。次いで、出雲国府の大舎原地区で介館《すけのたち》（次官の館）がみつかり、ここからは三軒家地区と同じ出雲国分寺創建期の瓦が出土している。一方、実務的な役所の場合、掘立柱建物が主体であり、瓦が出土することは少なく、建物は瓦葺きを採用しないことが通例である。出雲国府においても、国庁北側の実務的な施設には瓦葺き建物はなかったようである。他国の国府でも、実務的な施設で瓦葺き建物が特定できるような例は、これまでのところみつかっていない。したがって、国府関連施設の場合、国司館の一つだった可能性がある。

B案＝国府関連施設で国分寺に関わる国師院《こくしいん》。三軒家地区は出雲国分寺南門からまっすぐ延びる天平古道に接続した微高地であり、国分寺と近接している。出雲国分寺創建瓦が出土する点から、国分寺と関わる施設の可能性として、国師の館とみる可能性はないだろうか。国師とは、八世紀初めから地方の寺院や僧尼を指導監督するために、都などから派遣された僧である。八世紀末以降は名称が講師《こうじ》と変わる。当初は、国府に居を構え、後に国分寺創建にともなって居を国分寺に移したと考えられている。安芸《あき》国分寺・下野国分寺・上総《かずさ》国分寺・武蔵《むさし》国分寺などの発掘調査によって国師院（講師院）が確認されている。安芸国分寺では寺院地の北西部に大型の掘立柱建物とともに、国師院という墨書《ぼくしょ》土器がみつかり、ここに国司が居を構えていたことがわかっている。これまでに国師院（講師院）は主要堂塔の北側に配置されていたようで、武蔵国分寺の場合は瓦葺き建物とみられている。国司と同じく、国師の館も格式が高い建物であった。三軒家地区を国師の館とみる上での難点は、伽藍《がらん》地北側に配置する決まりがあったわけではないが、これまでは伽藍の北側でみつかっている。

C案＝寺院。三軒家地区のあたりに寺院があったことは、『出雲国風土記』に記載されていないが、採集された瓦の年代は八世紀中頃である。『風土記』が完成した天平五年（七三三）よりも後になって、ここに瓦葺きの寺が建立された可能性も残る。ただし、出雲国分寺と尼寺のすぐ近くに国分寺創建頃にもう一つ寺を建てたということは考えづらい。

D案＝豪族の居宅。八雲立つ風土記の丘展示学習館の出雲国府の模型では、三軒家地区の場所は豪族の館として復元されている。周囲の水田よりもやや高く、国府、国分寺・国分尼寺、古代山陰道や意宇川からもよく目立つことから、出雲国造輩出の出雲臣広嶋《いずものおみひろしま》系統の新しい本拠としてふさわしい場所と想定し、ここに出雲臣の居宅を復元している。魅力的な説であるが、地方の有力者の居宅で瓦葺きの建物がみつかった例がないのが難点である。

三軒家地区の性格については、いくつかの可能性が考えられる。すでにみつかっている介館と同じように、出雲国分寺瓦窯跡群の瓦が供給されている点からみると国司館だったかもしれないが、よくわからない。いずれにしても、国庁説があったように意宇平野のなかでみると、水田として利用された条里地割のなかでわずかに高くなっており、その前面の南側に山陰道が東西に走り天平古道を通して国分寺に向かう要衝地である。歴史考古学の碩学であった石田茂作が、ここに国庁を推定したのは理解できる場所である。

天平古道は国分寺の参道である。天平古道と山陰道との接続、条里地割との関係や三軒家地区の実態を考える上でも重要である。次のような変遷を考えている。

まず、意宇平野に国府が設置される七世紀末頃に駅路の山陰道や隠岐道が直線的に整備され、十字街を中心に官庁街が形成される。この時期は国分寺創建前であり、国分寺周辺と三軒家地区周辺に山陰道を基準として条里地割が施行される。八世紀中頃に出雲国分寺が意宇平野北側の丘陵裾に建立され、その参道として天平古道が水田の条里地割を壊し、三軒家地区を通り抜けて山陰道に接続する。この頃には、三軒家地区にも出雲国分寺・出雲国府と同じ瓦を屋根に葺いた建物が建てられていた。出雲国分寺から山陰道に延びた天平古道は、一三世紀以降、国分寺が廃絶していくなかで山陰道との接続付近が水田と化していったとみられる。

外国への窓口としての出雲国——エピローグ

枉北道と朝酌渡

> 巻末記「枉北道《きたにまがれるみち》は、北に行くこと四里二百六十六歩（二・六キロ）で、郡の北の堺の朝酌渡《あさくみのわたり》に至る。〔渡は八十歩、渡船が一隻ある。〕また、北に一十一里一百四十歩（六・一キロ）で、島根郡家《ぐうけ》に至る。郡家より北に行くこと一十七里一百八十歩（九・四キロ）で、隠岐《おき》渡、千酌駅家《ちくみのうまや》の浜に至る〔渡船がある。〕」

正西道《まにしのみち》に置かれた五駅のほかに、出雲国内では隠岐道にも一駅、日本海に面して千酌駅が設けられていた。都から隠岐国へ向かう枉北道（隠岐道）は、出雲国府《こくふ》の十字街《じゅうじのちまた》から北に進み、朝酌渡で川を渡り島根郡家を経由して千酌駅から舟で渡ることになっていた。枉北道は、『風土記《ふどき》』には駅と駅をつなぐ駅路であることから、隠岐道とも記されている。

この原稿を書いている最中に、松江市から朝酌町で古代道路が出ているとの情報が入った。現地でみると、これまで推定されていた多賀神社近くの丘陵上において、古代道路でよくみられる波板状凹凸面や道路側溝が出ていた。道幅ははっきりしないが、直線的な道路跡で南側をみると国府北側の茶臼山《ちやうすやま》が正面に位置していた。これが枉北道であることを確信した。はじめて国府の十字街から島根郡家を経て、千酌駅に向かう道路がみつかったのである。道路跡がみつかった丘陵を北側に降りると大橋川があり、今も矢田渡し乗船場として両岸を小型船で結んでいる。まさに、ここが『風土記』に朝酌渡と記された場所であった。

隠岐渡の千酌駅は松江市美保関町千酌浦にあたり、『風土記』の記載から浜の南方に想定されている。その推定地が修理田《しんで》遺跡で、今の海岸から八〇〇㍍《メートル》ほど南方の内陸に位置し、明確な駅家の建物はみつかっていないが、須恵器《すえき》の獣脚や托という特殊な遺物が出土し、近くの中殿《なかどの》遺跡から木簡も出土している点から、付近に駅家などの役所が存在していたとみられている。このほか、注目できることは付近から古代にさかのぼる瓦が採集され、寺もしくは官衙《かんが》の屋根を飾っていた点である。

古代では瓦は寺院もしくは官衙の一部でだけ屋根に使用された。地方官衙の瓦葺き建物としては、山陽道の駅が外国の使者に備えて丹塗《にぬ》りで瓦葺きの立派な駅家となっていたことが知られている。山陰道においては駅家を瓦葺きとしていた史料はないが、平安時代に入ると大陸にあった渤海《ぼっかい》国の使者が何度も出雲国に来着している。山陽道などの駅路において駅家周辺に寺が設けられる場合は珍しくないので、千酌駅付近の瓦は寺に葺かれた可能性もある。その場合でも、筆者には対外的な意識もあったように思えてならない。

古代の道路は実用性を超え大規模で直線的である。特に、山陽道は都と大宰府を結ぶ道として重要視され、道路の格付けも大路として位置づけられていた。山陽道に面した駅家は、通過する蕃客《ばんかく》（新羅や渤海）の使者に対して国家の威信をみせるために柱を丹塗りした瓦葺きの礎石建物として造営された。兵庫県の落地《おろち》飯坂《いいざか》遺跡（野磨《やま》駅）、小犬丸《こいぬまる》遺跡（布勢《ふせ》駅）が調査され、丹塗りされた瓦葺きの駅家が山陽道に面していた姿が確認された。

山陰道沿いの瓦葺き建物

西隣の石見《いわみ》国では、島根県大田市中祖《なかそ》遺跡の調査で、八世紀後半の瓦葺きの礎石建物が確認され、石見国に設置された「樟道《くすち》駅」の可能性が指摘されている。二間×二間の瓦葺き礎石建物がみつかり、大棟にだけ瓦を葺いていた（図36）。奈良時代後半から平安時代前半に存続し、仏教的な遺物が出土しない点から寺ではなく、邇摩《にま》郡衙の支所にともなう倉庫、山陰道樟道駅の駅楼や倉庫の可

図36　中祖遺跡の瓦葺き礎石建物跡（島根県教育庁埋蔵文化財センター提供）

能性が指摘されている。中祖遺跡付近を山陰道が通過していた可能性が高く、瓦葺きの礎石建物は駅家に関わる可能性が高い。中祖遺跡は土器類が礎石建物付近から多く出土する点から倉庫とは考え難く、山陽道の野磨駅（落地飯坂遺跡）や布勢駅（小犬丸遺跡）の駅館周辺からも土器がまとまって出土している点を参考にすると、建物規模は小さいが駅家に関わる施設で、駅館あるいは駅楼の可能性がある。駅家でよく出土する製塩土器が出土していることも興味深い。塩は馬に食させるもので、駅家に製塩土器が出土するのは当然だが、寺や役所でも出るので駅家の根拠としてはまだ弱い。

山陰道の駅家の発掘事例としては、鳥取県湯梨浜町石脇《いしわき》第三遺跡でみつかった掘立柱建物群が、伯耆《ほうき》国笏賀《くつが》駅として知られていた。ここから出土した瓦の分析を行い、奈良時代前半に瓦葺建物があり、山陰道においても駅家が瓦葺建物として造営された可能性があることを指摘した。石脇第三遺跡は山陰道を見下ろす丘陵上にあり、その瓦葺建物は対外的な視覚効果を目的として造営され、律令国家の荘厳化政策の一端を示していると考えたのである。ただし、瓦葺きであることから、石脇第三遺跡は寺ではないかという意見もある。その指摘はもっともで瓦葺きの駅家と判断したことは早計だったかもしれない。一方で、歴史地理学で駅の有力遺跡とされている点や仏教的な遺物が出ていないことから寺と断定できるわけではないので、山陰道沿いの駅に瓦葺きのものがあるかどうかをもう少し検討する必要があろう。

出雲国と渤海国

千酌駅を考える上で、渤海との関係をみておく。山陰道には新羅との緊張関係から天平四年（七三二）に山陰道節度使《せつどし》が置かれたこともあったが、新羅との公式な窓口は大宰府であり、奈良時代の八世紀には新羅・渤海との関係で出雲を含めた山陰道の重要度は高くなかったようである。

大陸では渤海国が七世紀末に成立し、日本との関係は滅亡する一〇世紀前半まで続く。当時、緊張関係にあった新羅国に対抗することや交易を目的として、日本に神亀四年（七二七）から延喜十九年（九一九）まで計三四回の使節を派遣している。奈良時代は主に北陸から出羽《でわ》にかけて来着していたが、平安時代には山陰にも来着するようになる。当初の航路は日本海を一気に横断して出羽から北陸をめざしたが、九世紀には緊張関係にあった新羅の勢力が弱まったため朝鮮半島沿いを南下し、鬱陵島を経る航路に変わったためと考えられている。そのため、それまで出羽から北陸に来着していた渤海の使者は、北陸から山陰の隠岐・出雲・伯耆国へ到達することが多くなる。

隠岐国・出雲国に来航する渤海の使者の多くは、都の平安京への入京を認められず帰されているが、それまでの数ヵ月の間、千酌駅・島根郡家近辺・国府近辺に滞在しており、その一〇〇人以上の使節団を接待するための費用は出雲国にとって大きな負担となっていた。新羅や渤海との関係は文献史料によって明らかにされているが、考古学的にわかることは少ない。

新羅や渤海といった蕃客に向けて、国家の威信を示すために、山陽道では駅の建物を立派にするため、丹塗りで瓦葺き建物として建てた。北陸の越前国では、渤海の使者が滞在するために敦賀《つるが》の松原に客館が置かれ、延暦二十三年（八〇四）には能登《のと》国に客院をつくるという命令が出されている。出雲国内においても渤海の使者が数ヵ月も滞在した施設の実態はよくわかっていないが、立派な施設であっただろう。

図37　秋田城のトイレ建物復元（秋田市教育委員会提供）

そうした施設の一端が、奈良時代に渤海の使者が来着していた出羽国の秋田城（秋田市）でみつかっている。秋田城は、『出雲国風土記』成立と同じ天平五年に出羽柵が移された、日本最北の城柵である。古代の水洗トイレがみつかっており、渤海の使者や役人が使ったのであろう。現地の史跡秋田城跡を訪ねると、古代の水洗トイレが立派な建物として復元されており、これは渤海との関係を抜きにしては考えられないと思う（図37）。

また、創建期から秋田城は儀礼を行う政庁《せいちょう》だけでなく、外郭は約五五〇《メートル》四方の不整方形であり、すべて瓦葺きの築地塀《ついじべい》となって威容を示していた。当時、平城京・宮の塀は瓦葺きの築地塀として建設されていたが、その平城京ですら羅城門《らじょうもん》の両側を瓦葺きの築地塀としているだけであった。陸奥国府の多賀城でも、この頃には外郭の塀は瓦葺きではなかった。そのため、秋田城を囲む塀が最初から瓦葺きの築地塀であると報告されていたが、本当であろうかと思っていた。その後、塀の発掘現場を何度か見学する機会があり、多量の瓦が塀付近で出土していることをみてようやく納得した。蝦夷だけでなく渤海を意識して国家の維新を示すために構築されたものであったのだ。丘陵状に建つ秋田城から西を望むと雄物川《おものがわ》が日本海に注いでいる。蝦夷に対してだけではなく、日本海から来着した渤海の使者を意識して、秋田城を立派にみせるために築地塀全体を瓦葺きとしていた。

出雲国に話を戻そう。出雲国で渤海との窓口の一つになったのは、日本海に面した千酌駅であった。通常は、隠岐国との連絡のために機能したが、渤海の使者が来着するような場合、宿泊や饗応施設としての役割も担っていただろう。ここには、通常の駅と異なるような施設も置かれていたように憶測したい。千酌駅はどのような施設であったのであろうか。その解明は、将来に委ねたい。

『出雲国風土記』の記載から明らかなように、出雲国府は正西道と枉北道の十字街付近に置かれていた。出雲国の中心にあたるのが国庁《こくちょう》であり、出雲国においては国府成立が契機となって国の形成が進んだ。国府の設置は七世紀末頃に行われており、大原《おおはら》郡家や黒田《くろだ》駅をはじめとする官衙の移転を含めた整備・設置は、国府設置を契機とした出雲国内の交通体系の整備にともなって行われたものであろう。国府が置かれた意宇平野の条里地割施行も国府設置と同じ頃に、正西道を基準にして施行されたとみられる。

出雲国の形成と展開

『出雲国風土記』に記された出雲国府、郡家、駅家からみて、出雲国では評制下の七世紀末頃から八世紀にかけて黒田駅、大原郡家だけでなく、国内全域において郡家・駅家をはじめとする役所、都から延びる駅路の正西道（山陰道）の整備は進んだことがわかる。こうしたあり方は出雲国だけではなく、全国的に広く実施されたものであり、国府の設置を契機として諸国で国の骨格は形成されていったのである。

『出雲国風土記』は、わが国の古代史研究に大きな影響を与えてきた。その一方で、考古学な検討も求められている。本書では、文献史学と考古学との学際的研究によって明らかになってきた古代出雲の姿の一端を紹介することを心がけた。

あとがき

今は、古代の出雲国島根郡法吉郷《ほっき》に住んでいる。ここは『出雲国風土記《いずものくにふどき》』に、「宇武賀比売命《うむかひめ》が法吉鳥（ウグイス）になって飛んで来て、ここに鎮座なさった。だから、法吉という」と記され、その地名はウグイスの鳴き声に由来している。家にいると野鳥の鳴き声が聞こえる。

出雲の地をはじめて訪れたのは、三〇年以上も前のことになる。当時、下野《しもつけ》国府や下野国分寺の発掘調査に関わっており、国府《こくふ》や寺院の研究を行う上で、『出雲国風土記』が残る地を訪ねたいと念願していた。国府や国分寺の調査・研究を進める上では、出雲国府と出雲国分寺の研究成果を現地で学ぶ必要があった。

現在、島根大学から東京へ上京するのに出雲空港から飛行機を利用し、それほどの距離感を感じなくなっている。当時は、東京駅から寝台特急「出雲」に乗り、山陰本線を通って一晩かかり松江駅に着いた。地元の三宅博士氏に案内していただき、出雲国府南側の大《おお》草《くさ》古墳群がある丘陵から意宇《おう》平野を一望した。水田の広がるなかに大草町の集落が一望できるだけであるが、古代に出雲国府の官舎群や都からの正西道《まにしのみち》が通っていたことを想像して感動したことを忘れない。古代出雲国の中心地である意宇の地に来ることができたという思いが強かった。

今も出雲国府に行き、『出雲国風土記』に記された「十字街《じゅうじのちまた》」に立つことが多い。正西道と隠岐《おき》に向かう道路が交差し、付近に意宇郡家《ぐうけ》、黒田駅《くろだのうまや》、軍団が位置していたとされる場所である。大学の講義で、その十字路の現況写真をみせて説明するが、学生たちにとっては現在の道路下に幅九メートルを超えるような大規模な道路があったことをイメージすることは難しいようである。

考古学にとって書斎で研究する以上に、フィールドで学ぶことは多い。学生の頃、南京（平城京）に強い憧れがあり、会津八一先生の『自註鹿鳴集』をもち、その歌碑が建つ寺などを訪ねた。平城宮址の大極芝では、次のような歌が詠まれている。

はたなか の かれたる しば に たつ ひと の うごく とも なし もの の もふ らし も

今は、平城宮跡には大極殿や朱雀門が復元されており、にぎやかになっている。一方、出雲国府は茶臼山《ちゃうすやま》とともに意宇平野の田園のなかに静かにたたずんでいる。『出雲国風土記』と本書をもって、出雲国府をはじめとする現地に立って古代出雲の世界を知っていただきたい。

二〇一六年六月

大橋泰夫

参考文献

全体に関するもの

秋本吉徳編一九八四『出雲国風土記諸本集』勉誠社
秋本吉郎校注一九五八『風土記』岩波書店
加藤義成一九五七『出雲国風土記参究』今井書店
島根県文化センター編二〇一四『解説　出雲国風土記』
関　和彦二〇〇六『出雲国風土記註論』明石書店
松江市二〇一五「律令国家と松江」『松江市史』通史編一

プロローグ

池渕　俊一二〇一五「意宇平野の開発史—五世紀代の評価を中心に—」『島根県古代文化センター研究論集第一四集　前方後方墳と東西出雲の成立に関する研究』島根県古代文化センター
鐘江宏之一九九三「「国」制の成立」『日本律令制論集　上巻』吉川弘文館
瀧川政次郎一九六七「都城制と其の思想」『京制並に都城制の研究』法制史論叢第二冊

姿を現した出雲国府

青木和夫一九七四『古代豪族』小学館
朝山　晧一九五三「出雲風土記に於ける地理上の諸問題」『出雲国風土記の研究』出雲大社御遷宮奉賛

会
石田茂作・山本清一九六三「出雲国分寺の発掘」『出雲・隠岐―総合学術調査報告―』地方史研究所
稲田陽介二〇一四「出雲国府跡の現状と課題」『条里制古代都市』二九
雲南市教育委員会二〇一四『郡垣遺跡Ⅲ―旧大原郡家等範囲確認調査報告書一―』
江口　桂二〇一四『古代武蔵国府の成立と展開』同成社
大橋泰夫二〇〇八「国郡制と地方官衙の成立」『古代地方行政単位の成立と在地社会』独立行政法人文化財研究所奈良文化財研究所
大橋泰夫二〇一一「地方官衙創設期における瓦葺建物の検討」『社会文化論集』七、島根大学法文学部社会文化学科紀要
大橋泰夫二〇一四「長舎と官衙研究の現状と課題」『長舎と官衙の建物配置』独立行政法人奈良文化財研究所
大橋泰夫二〇一六『国郡制と国府成立の研究』平成二四～二七年度科学研究費補助金・基盤研究（C）研究成果報告書
金田章裕一九九五「国府の形態と構造について」『国立歴史民俗博物館研究報告』第六三集
佐藤　信一九九四「宮都・国府・郡家」『岩波講座　日本通史　第四巻　古代三』岩波書店
島根県教育委員会二〇一三『史跡出雲国府跡　九総括編』風土記の丘地内遺跡発掘調査報告書二二
平石　充二〇一二「出雲国風土記と国府の成立」『古代文化』六三―四、財団法人古代学協会
松江市教育委員会一九七〇『出雲国庁跡発掘調査概報』

三坂圭治一九三三『周防国府の研究』積文館
八木　充一九八六「国府の成立と構造」『国立歴史民俗博物館研究報告』第一〇集
山路直充二〇〇七「京と寺—東国の京、そして倭京・藤原京—」『都城　古代日本のシンボリズム』青木書店
山中敏史一九九四『古代地方官衙遺跡の研究』塙書房
山中敏史二〇〇一「評制の成立課程と領域区分—評衙の構造と評支配域に関する試論—」『考古学の学際的研究　濱田青陵賞受賞者記念論文集Ⅰ』岸和田市教育委員会
和田萃・藤川智之二〇一一「徳島市観音寺木簡の歴史的意義」『徳島県埋蔵文化財センター研究紀要真朱』九

郡からみた出雲国

荒井秀規二〇〇八「領域区画としての国・評（郡）・里（郷）の成立」『古代地方行政単位の成立と在地社会』独立行政法人文化財研究所奈良文化財研究所
伊勢崎市教育委員会二〇一三『三軒屋遺跡　総括編』伊勢崎市文化財調査報告書第一〇六集
内田律夫一九九五「『出雲国風土記』と大原郡の再検討（一）」『出雲古代史研究』五
雲南市教育委員会二〇一四『郡垣遺跡Ⅲ—旧大原郡家等範囲確認調査報告書一—』
大橋泰夫二〇〇八「近年の古代地方官衙研究と『出雲国風土記』」『島根考古学会誌』二五、島根考古学会
大橋泰夫編二〇一二『古代日本における法倉の研究』平成二一～二三年度科学研究費補助金・基盤研究

（C）研究成果報告書
大橋泰夫二〇一三「地方官衙と方位」『技術と交流の考古学』同成社
加藤義成一九五七『修訂『出雲国風土記』参究』至文堂
島根大学法文学部考古学研究室二〇一六『廻原一号墳発掘調査報告書』島根大学考古学研究室調査報告第一五冊
島根県教育委員会二〇〇三『古志本郷遺跡V』斐川放水路建設予定地内発掘調査報告書一六
宍道年弘二〇〇六「後谷遺跡と風土記」『出雲の考古学と『出雲国風土記』』学生社
斐川町教育委員会一九九六「後谷V遺跡」斐川町文化財調査報告書第一五集
平石　充二〇一三「神郡神戸と出雲大神宮・於友評」『古代文化研究』二一、島根県古代文化センター
森　公章二〇〇三「郡家の施設と部署—郡雑任の執務形態との関係から—」『弘前大学　国史研究』一一五
渡邊貞幸一九八六「山代・大庭古墳群と五・六世紀の出雲」『山陰考古学の諸問題』山本清先生喜寿記念論文集刊行会

祈りの場

荒井秀規一九九四「出雲の定額寺と「新造院」に関する覚え書き」『出雲古代史研究』四
有富純也二〇〇八「神社社殿の成立と律令国家」『国立歴史民俗博物館研究報告』第一四八集
石田茂作一九五六「出雲国分寺の発掘」『考古学雑誌』第四一巻第三号
内田律雄二〇〇六「古代祭祀と仏教」『在地社会と仏教』独立行政法人文化財研究所奈良文化財研究所

大橋泰夫二〇〇九「考古学からみた『出雲国風土記』の新造院と定額寺」『国士舘考古』五、国士舘考古学会
大橋泰夫二〇一三「国分寺と官衙」『国分寺の創建　組織・技術編』吉川弘文館
岡崎由希二〇〇九「長門深川廃寺系瓦の検討」『島根考古学会誌』二六、島根考古学会
川原秀夫二〇〇九「社殿造営政策と地域社会」『延喜式研究』二五、延喜式研究会
久保智康二〇一二「古代出雲の山寺と社」『「大出雲展」展示図録』古代出雲歴史博物館
近藤　正一九六八「『出雲国風土記』所載の新造院とその造立者」日本歴史考古学会編『日本歴史考古学論叢二』雄山閣
櫻井信也一九八七「「寺院併合令」からみた「新造院」」『出雲古代史研究』四
眞田廣幸二〇〇五「律令制下の山陰―官衙と寺院―」『日本海域歴史大系　第一巻古代篇Ⅰ』清文堂出版
島根県教育委員会一九九四『風土記の丘地内遺跡発掘調査報告Ⅹ―島根県松江市山代町所在・山代郷南新造院（四王寺）跡―』
島根県教育委員会二〇〇七『史跡山代郷北新造院跡』
妹尾周三二〇一一「出雲へ伝わった仏教の特質―古代寺院から見た地域間交流とその背景―」『古代出雲の多面的交流の研究』島根県古代文化センター
花谷　浩二〇一〇「古代寺院の瓦生産と古代山陰の領域性一出雲西部を中心に」『出雲国の形成と国府成立の研究』島根県古代文化センター

花谷　浩二〇一四「山代郷南新造院跡（四王寺跡）再考」『出雲弥生の森博物館研究紀要』第四集、出雲弥生の森博物館
花谷　浩二〇一六「三井Ⅱ遺跡の瓦窯と瓦について」『杉沢遺跡・杉沢Ⅱ遺跡・杉沢横穴墓群』出雲斐川中央工業団地造成工事に伴う埋蔵文化財調査報告書、出雲市の文化財報告三一
林　健亮一九九二「出雲の古代寺院―瓦編年を中心に―」『島根考古学会誌』九、島根考古学会
日浦裕子二〇一五「備後国から出雲国への造瓦工人の活動に関する再検討―寺町廃寺FＩB型式を対象に―」『島根考古学会誌』三二、島根考古学会
斐川町教育委員会一九八七「天寺平廃寺について」『八雲立つ風土記の丘』No.八四、島根県立八雲立つ風土記の丘資料館
斐川町教育委員会二〇〇五『小野遺跡』県道木次直江停車場線工事に伴う埋蔵文化財調査報告書、斐川町文化財調査報告書第三一集
平石充・松尾充二〇〇八「青木遺跡と地域社会」『国史学』第一九四号
松江市二〇一二『松江市史　史料編二　考古資料』
松江市教育委員会二〇一五『史跡出雲国分寺跡発掘調査報告書』
松尾充晶二〇一五「古代の祭祀空間―『出雲国風土記』にみる地域社会の神と社―」『史林』第九八巻第一号
森田喜久男二〇一五「神仏の祈りと神話の世界」『松江市史』通史編一

出雲国の道と景観

井上和人二〇〇四「条里制研究の一視点」『古代都城制条里制の実証的研究』学生社
近江俊秀二〇〇六『古代国家と道路―考古学からの検証』青木書店
勝部　昭一九九三「出雲国府と駅路」『古代を考える出雲』吉川弘文館
木下　良一九六七「国府と条里との関係について」『史林』五〇―五
木下　良一九七七「国府の「十字街」について」『歴史地理学紀要』一九、日本歴史地理学研究会
木本雅康二〇〇〇『古代の道路事情』吉川弘文館
木本雅康二〇一六「見えてきた古代山陰道」『シンポジウム記録集「古代山陰道」を考える―杉沢遺跡道路遺構発見の意義―』出雲市
高橋美久二一九九六『古代交通の考古地理』大明堂
中澤四郎一九七五「条里遺構」『八雲立つ風土記の丘周辺の文化財』島根県教育委員会
中村太一一九九六『日本古代国家と計画道路』吉川弘文館
藤原　哲二〇〇三「出雲意宇平野の開発と地割」『出雲古代史研究』三
府中市教育委員会二〇一六『備後国府関連遺跡一―第二分冊―』
米倉二郎・吉田英夫・成瀬俊郎一九七〇「意宇平野における条里制の施行」『出雲国庁跡発掘調査概報』松江市教育委員会

エピローグ

伊藤武士二〇〇六『日本の遺跡　秋田城跡』同成社

島根県教育委員会二〇〇八『中祖遺跡・ナメラ迫遺跡』
美保関町一八六六『美保関町誌』

著者紹介

一九五九年、栃木県に生まれる
一九八二年、早稲田大学第一文学部卒業
二〇〇七年、博士（文学・早稲田大学）
現在、島根大学法文学部教授

〔主要論文〕
「地方官衙と方位」（岡内三眞編『技術と交流の考古学』同成社、二〇一三年）
「国分寺と官衙」（須田勉・佐藤信編『国分寺の創建―組織・技術編―』吉川弘文館、二〇一三年）

歴史文化ライブラリー
436

出雲国誕生

二〇一六年（平成二十八）十一月一日　第一刷発行

著　者　大《おお》橋《はし》泰《やす》夫《お》
発行者　吉川道郎
発行所　株式会社　吉川弘文館
東京都文京区本郷七丁目二番八号
郵便番号一一三―〇〇三三
電話〇三―三八一三―九一五一〈代表〉
振替口座〇〇一〇〇―五―二四四
http://www.yoshikawa-k.co.jp/
印刷＝株式会社 平文社
製本＝ナショナル製本協同組合
装幀＝清水良洋・柴崎精治

ISBN978-4-642-05836-0

歴史文化ライブラリー

1996.10

刊行のことば

現今の日本および国際社会は、さまざまな面で大変動の時代を迎えておりますが、近づきつつある二十一世紀は人類史の到達点として、物質的な繁栄のみならず文化や自然・社会環境を謳歌できる平和な社会でなければなりません。しかしながら高度成長・技術革新にともなう急激な変貌は「自己本位な刹那主義」の風潮を生みだし、先人が築いてきた歴史や文化に学ぶ余裕もなく、いまだ明るい人類の将来が展望できていないようにも見えます。このような状況を踏まえ、よりよい二十一世紀社会を築くために、人類誕生から現在に至る「人類の遺産・教訓」としてのあらゆる分野の歴史と文化を「歴史文化ライブラリー」として刊行することといたしました。

小社は、安政四年（一八五七）の創業以来、一貫して歴史学を中心とした専門出版社として書籍を刊行しつづけてまいりました。その経験を生かし、学問成果にもとづいた本叢書を刊行し社会的要請に応えて行きたいと考えております。

現代は、マスメディアが発達した高度情報化社会といわれますが、私どもはあくまでも活字を主体とした出版こそ、ものの本質を考える基礎と信じ、本叢書をとおして社会に訴えてまいりたいと思います。これから生まれでる一冊一冊が、それぞれの読者を知的冒険の旅へと誘い、希望に満ちた人類の未来を構築する糧となれば幸いです。

吉川弘文館

歴史文化ライブラリー

考古学

タネをまく縄文人 最新科学が覆す農耕の起源 —— 小畑弘己
農耕の起源を探る イネの来た道 —— 宮本一夫
O脚だったかもしれない縄文人 人骨は語る —— 谷畑美帆
老人と子供の考古学 —— 山田康弘
〈新〉弥生時代 五〇〇年早かった水田稲作 —— 藤尾慎一郎
交流する弥生人 金印国家群の時代の生活誌 —— 高倉洋彰
樹木と暮らす古代人 木製品が語る弥生・古墳時代 —— 樋上 昇
古 墳 —— 土生田純之
東国から読み解く古墳時代 —— 若狭 徹
神と死者の考古学 古代のまつりと信仰 —— 笹生 衛
国分寺の誕生 古代日本の国家プロジェクト —— 須田 勉
銭の考古学 —— 鈴木公雄
太平洋戦争と考古学 —— 坂詰秀一

古代史

邪馬台国 魏使が歩いた道 —— 丸山雍成
邪馬台国の滅亡 大和王権の征服戦争 —— 若井敏明
日本語の誕生 古代の文字と表記 —— 沖森卓也
日本国号の歴史 —— 小林敏男
古事記のひみつ 歴史書の成立 —— 三浦佑之
日本神話を語ろう イザナキ・イザナミの物語 —— 中村修也
東アジアの日本書紀 歴史書の誕生 —— 遠藤慶太
〈聖徳太子〉の誕生 —— 大山誠一
倭国と渡来人 交錯する「内」と「外」 —— 田中史生
大和の豪族と渡来人 葛城・蘇我氏と大伴・物部氏 —— 加藤謙吉
白村江の真実 新羅王・金春秋の策略 —— 中村修也
古代豪族と武士の誕生 —— 森 公章
飛鳥の宮と藤原京 よみがえる古代王宮 —— 林部 均
出雲国誕生 —— 大橋泰夫
古代出雲 —— 前田晴人
エミシ・エゾからアイヌへ —— 児島恭子
古代の皇位継承 天武系皇統は実在したか —— 遠山美都男
持統女帝と皇位継承 —— 倉本一宏
古代天皇家の婚姻戦略 —— 荒木敏夫
高松塚・キトラ古墳の謎 —— 山本忠尚
壬申の乱を読み解く —— 早川万年
家族の古代史 恋愛・結婚・子育て —— 梅村恵子
万葉集と古代史 —— 直木孝次郎
地方官人たちの古代史 律令国家を支えた人びと —— 中村順昭
古代の都はどうつくられたか 中国・日本・朝鮮・渤海 —— 吉田 歓
平城京に暮らす 天平びとの泣き笑い —— 馬場 基
平城京の住宅事情 貴族はどこに住んだのか —— 近江俊秀

歴史文化ライブラリー

すべての道は平城京へ 古代国家の〈支配の道〉―市 大樹
都はなぜ移るのか 遷都の古代史―仁藤敦史
聖武天皇が造った都 難波宮・恭仁宮・紫香楽宮―小笠原好彦
悲運の遣唐僧 円載の数奇な生涯―佐伯有清
遣唐使の見た中国―古瀬奈津子
古代の女性官僚 女官の出世・結婚・引退―伊集院葉子
平安朝 女性のライフサイクル―服藤早苗
平安京のニオイ―安田政彦
平安京の災害史 都市の危機と再生―北村優季
天台仏教と平安朝文人―後藤昭雄
藤原摂関家の誕生 平安時代史の扉―米田雄介
安倍晴明 陰陽師たちの平安時代―繁田信一
平安時代の死刑 なぜ避けられたのか―戸川 点
古代の神社と祭り―三宅和朗
時間の古代史 霊鬼の夜、秩序の昼―三宅和朗

中世史

源氏と坂東武士―野口 実
熊谷直実 中世武士の生き方―高橋 修
頼朝と街道 鎌倉政権の東国支配―木村茂光
鎌倉源氏三代記 一門・重臣と源家将軍―永井 晋
吾妻鏡の謎―奥富敬之
鎌倉北条氏の興亡―奥富敬之
三浦一族の中世―高橋秀樹
都市鎌倉の中世史 吾妻鏡の舞台と主役たち―秋山哲雄
源 義経―元木泰雄
弓矢と刀剣 中世合戦の実像―近藤好和
騎兵と歩兵の中世史―近藤好和
その後の東国武士団 源平合戦以後―関 幸彦
声と顔の中世史 戦さと訴訟の場景より―蔵持重裕
運 慶 その人と芸術―副島弘道
乳母の力 歴史を支えた女たち―田端泰子
荒ぶるスサノヲ、七変化 〈中世神話〉の世界―斎藤英喜
曽我物語の史実と虚構―坂井孝一
親 鸞―平松令三
親鸞と歎異抄―今井雅晴
捨聖《すてひじり》一 遍―今井雅晴
神や仏に出会う時 中世びとの信仰と絆―大喜直彦
神風の武士像 蒙古合戦の真実―関 幸彦
鎌倉幕府の滅亡―細川重男
足利尊氏と直義 京の夢、鎌倉の夢―峰岸純夫
高 師直 室町新秩序の創造者―亀田俊和
新田一族の中世 「武家の棟梁」への道―田中大喜

歴史文化ライブラリー

近世史

歴史文化ライブラリー

- 大名行列を解剖する 江戸の人材派遣 ── 根岸茂夫
- 江戸大名の本家と分家 ── 野口朋隆
- 赤穂浪士の実像 ── 谷口眞子
- 〈甲賀忍者〉の実像 ── 藤田和敏
- 江戸の武家名鑑 武鑑と出版競争 ── 藤實久美子
- 武士という身分 城下町萩の大名家臣団 ── 森下 徹
- 旗本・御家人の就職事情 ── 山本英貴
- 武士の奉公 本音と建前 江戸時代の出世と処世術 ── 高野信治
- 宮中のシェフ、鶴をさばく 江戸時代の朝廷と庖丁道 ── 西村慎太郎
- 馬と人の江戸時代 ── 兼平賢治
- 犬と鷹の江戸時代 〈犬公方〉綱吉と〈鷹将軍〉吉宗 ── 根崎光男
- 江戸時代の孝行者 「孝義録」の世界 ── 菅野則子
- 死者のはたらきと江戸時代 遺訓・家訓・辞世 ── 深谷克己
- 近世の百姓世界 ── 白川部達夫
- 江戸の寺社めぐり 鎌倉・江ノ島・お伊勢さん ── 原 淳一郎
- 宿場の日本史 街道に生きる ── 宇佐美ミサ子
- 江戸のパスポート 旅の不安はどう解消されたか ── 柴田 純
- 〈身売り〉の日本史 人身売買から年季奉公へ ── 下重 清
- 江戸の捨て子たち その肖像 ── 沢山美果子
- 歴史人口学で読む江戸日本 ── 浜野 潔
- それでも江戸は鎖国だったのか オランダ宿日本橋長崎屋 ── 片桐一男
- 江戸の文人サロン 知識人と芸術家たち ── 揖斐 高
- エトロフ島 つくられた国境 ── 菊池勇夫
- 江戸時代の医師修業 学問・学統・遊学 ── 海原 亮
- 江戸の流行り病 麻疹騒動はなぜ起こったのか ── 鈴木則子
- 江戸幕府の日本地図 国絵図・城絵図・日本図 ── 川村博忠
- 江戸城が消えていく 『江戸名所図会』の到達点 ── 千葉正樹
- 都市図の系譜と江戸 ── 小澤 弘
- 江戸の地図屋さん 販売競争の舞台裏 ── 俵 元昭
- 近世の仏教 華ひらく思想と文化 ── 末木文美士
- 江戸時代の遊行聖 ── 圭室文雄
- ある文人代官の幕末日記 林鶴梁の日常 ── 保田晴男
- 松陰の本棚 幕末志士たちの読書ネットワーク ── 桐原健真
- 幕末の世直し 万人の戦争状態 ── 須田 努
- 幕末の海防戦略 異国船を隔離せよ ── 上白石 実
- 江戸の海外情報ネットワーク ── 岩下哲典
- 黒船がやってきた 幕末の情報ネットワーク ── 岩田みゆき
- 幕末日本と対外戦争の危機 下関戦争の舞台裏 ── 保谷 徹

近・現代史

- 五稜郭の戦い 蝦夷地の終焉 ── 菊池勇夫
- 幕末明治 横浜写真館物語 ── 斎藤多喜夫
- 横井小楠 その思想と行動 ── 三上一夫

歴史文化ライブラリー

水戸学と明治維新——吉田俊純
大久保利通と明治維新——佐々木 克
旧幕臣の明治維新 沼津兵学校とその群像——樋口雄彦
維新政府の密偵たち 御庭番と警察のあいだ——大日方純夫
明治維新と豪農 古橋暉皃の生涯——高木俊輔
京都に残った公家たち 華族の近代——刑部芳則
文明開化 失われた風俗——百瀬 響
西南戦争 戦争の大義と動員される民衆——猪飼隆明
大久保利通と東アジア 国家構想と外交戦略——勝田政治
自由民権運動の系譜 近代日本の言論の力——稲田雅洋
明治の政治家と信仰 クリスチャン民権家の肖像——小川原正道
福沢諭吉と福住正兄《ふくずみまさえ》 世界と地域の視座——金原左門
日赤の創始者 佐野常民《つねたみ》——吉川龍子
文明開化と差別——今西 一
アマテラスと天皇 〈政治シンボル〉の近代史——千葉 慶
大元帥と皇族軍人 明治編——小田部雄次
明治の皇室建築 国家が求めた〈和風〉像——小沢朝江
皇居の近現代史 開かれた皇室像の誕生——河西秀哉
明治神宮の出現——山口輝臣
神都物語 伊勢神宮の近現代史——ジョン・ブリーン
日清・日露戦争と写真報道 戦場を駆ける写真師たち——井上祐子

博覧会と明治の日本——國 雄行
公園の誕生——小野良平
啄木短歌に時代を読む——近藤典彦
町火消たちの近代 東京の消防史——鈴木 淳
鉄道忌避伝説の謎 汽車が来た町、来なかった町——青木栄一
軍隊を誘致せよ 陸海軍と都市形成——松下孝昭
家庭料理の近代——江原絢子
お米と食の近代史——大豆生田 稔
日本酒の近現代史 酒造地の誕生——鈴木芳行
失業と救済の近代史——加瀬和俊
近代日本の就職難物語 「高等遊民」になるけれど——町田祐一
選挙違反の歴史 ウラからみた日本の一〇〇年——季武嘉也
海外観光旅行の誕生——有山輝雄
関東大震災と戒厳令——松尾章一
モダン都市の誕生 大阪の街・東京の街——橋爪紳也
激動昭和と浜口雄幸——川田 稔
昭和天皇とスポーツ 〈玉体〉の近代史——坂上康博
昭和天皇側近たちの戦争——茶谷誠一
大元帥と皇族軍人 大正・昭和編——小田部雄次
海軍将校たちの太平洋戦争——手嶋泰伸
植民地建築紀行 満洲・朝鮮・台湾を歩く——西澤泰彦

歴史文化ライブラリー

帝国日本と植民地都市——橋谷　弘
稲の大東亜共栄圏 帝国日本の〈緑の革命〉——藤原辰史
地図から消えた島々 幻の日本領と南洋探検家たち——長谷川亮一
日中戦争と汪兆銘《おうちょうめい》——小林英夫
自由主義は戦争を止められるのか 芦田均・清沢洌・石橋湛山——上田美和
モダン・ライフと戦争 スクリーンのなかの女性たち——宜野座菜央見
彫刻と戦争の近代——平瀬礼太
特務機関の謀略 諜報とインパール作戦——山本武利
首都防空網と〈空都〉多摩——鈴木芳行
陸軍登戸研究所と謀略戦 科学者たちの戦争——渡辺賢二
帝国日本の技術者たち——沢井　実
〈いのち〉をめぐる近代史 堕胎から人工妊娠中絶へ——岩田重則
強制された健康 日本ファシズム下の生命と身体——藤野　豊
戦争とハンセン病——藤野　豊
「自由の国」の報道統制 大戦下の日系ジャーナリズム——水野剛也
敵国人抑留 戦時下の外国民間人——小宮まゆみ
銃後の社会史 戦死者と遺族——一ノ瀬俊也
海外戦没者の戦後史 遺骨帰還と慰霊——浜井和史
国民学校 皇国の道——戸田金一
学徒出陣 戦争と青春——蜷川壽惠
〈近代沖縄〉の知識人 島袋全発の軌跡——屋嘉比　収

沖縄戦 強制された「集団自決」——林　博史
原爆ドーム 物産陳列館から広島平和記念碑へ——頴原澄子
戦後政治と自衛隊——佐道明広
米軍基地の歴史 世界ネットワークの形成と展開——林　博史
沖縄 占領下を生き抜く 軍用地・通貨・毒ガス——川平成雄
昭和天皇退位論のゆくえ——冨永　望
紙　芝　居 街角のメディア——山本武利
団塊世代の同時代史——天沼　香
闘う女性の20世紀 地域社会と生き方の視点から——伊藤康子
丸山真男の思想史学——板垣哲夫
文化財報道と新聞記者——中村俊介

文化史・誌

毘沙門天像の誕生 シルクロードの東西文化交流——田辺勝美
落書きに歴史をよむ——三上喜孝
密教の思想——立川武蔵
霊場の思想——佐藤弘夫
四国遍路 さまざまな祈りの世界——星野英紀・浅川泰宏
跋扈《ばっこ》する怨霊 祟りと鎮魂の日本史——山田雄司
将門伝説の歴史——樋口州男
藤原鎌足、時空をかける 変身と再生の日本史——黒田　智
変貌する清盛 『平家物語』を書きかえる——樋口大祐

歴史文化ライブラリー

鎌倉 古寺を歩く 宗教都市の風景 ―― 松尾剛次
空海の文字とことば ―― 岸田知子
鎌倉大仏の謎 ―― 塩澤寛樹
日本禅宗の伝説と歴史 ―― 中尾良信
水墨画にあそぶ 禅僧たちの風雅 ―― 高橋範子
日本人の他界観 ―― 久野 昭
観音浄土に船出した人びと 熊野と補陀落渡海 ―― 根井 浄
殺生と往生のあいだ 中世仏教と民衆生活 ―― 苅米一志
浦島太郎の日本史 ―― 三舟隆之
宗教社会史の構想 真宗門徒の信仰と生活 ―― 有元正雄
読経の世界 能読の誕生 ―― 清水眞澄
戒名のはなし ―― 藤井正雄
墓と葬送のゆくえ ―― 森 謙二
仏画の見かた 描かれた仏たち ―― 中野照男
ほとけを造った人びと 止利仏師から運慶・快慶まで ―― 根立研介
〈日本美術〉の発見 岡倉天心がめざしたもの ―― 吉田千鶴子
祇園祭 祝祭の京都 ―― 川嶋將生
洛中洛外図屛風 つくられた〈京都〉を読み解く ―― 小島道裕
茶の湯の文化史 近世の茶人たち ―― 谷端昭夫
時代劇と風俗考証 やさしい有職故実入門 ―― 二木謙一
化粧の日本史 美意識の移りかわり ―― 山村博美
乱舞の中世 白拍子・乱拍子・猿楽 ―― 沖本幸子
神社の本殿 建築にみる神の空間 ―― 三浦正幸
古建築修復に生きる 屋根職人の世界 ―― 原田多加司
大工道具の文明史 日本・中国・ヨーロッパの建築技術 ―― 渡邉 晶
苗字と名前の歴史 ―― 坂田 聡
日本人の姓・苗字・名前 人名に刻まれた歴史 ―― 大藤 修
読みにくい名前はなぜ増えたか ―― 佐藤 稔
数え方の日本史 ―― 三保忠夫
大相撲行司の世界 ―― 根間弘海
武道の誕生 ―― 井上 俊
日本料理の歴史 ―― 熊倉功夫
吉兆 湯木貞一 料理の道 ―― 末廣幸代
日本の味 醤油の歴史 ―― 林 玲子・天野雅敏 編
アイヌ文化誌ノート ―― 佐々木利和
流行歌の誕生 「カチューシャの唄」とその時代 ―― 永嶺重敏
話し言葉の日本史 ―― 野村剛史
日本語はだれのものか ―― 川口 良・角田史幸
「国語」という呪縛 国語から日本語へ、そして〇〇語へ ―― 川口 良・角田史幸
柳宗悦と民藝の現在 ―― 松井 健
遊牧という文化 移動の生活戦略 ―― 松井 健
薬と日本人 ―― 山崎幹夫

歴史文化ライブラリー

各冊一七〇〇円～一九〇〇円（いずれも税別）
▽残部僅少の書目も掲載してあります。品切の節はご容赦下さい。